西方哲学发展的六个周期

谭立东 / 著

天津出版传媒集团

天津人民出版社

图书在版编目 (CIP) 数据

西方哲学发展的六个周期 / 谭立东著 .-- 天津：
天津人民出版社 , 2024.8
ISBN 978-7-201-20318-8

Ⅰ.①西… Ⅱ.①谭… Ⅲ.①西方哲学—研究 Ⅳ.
① B5

中国国家版本馆 CIP 数据核字 (2024) 第 062255 号

西方哲学发展的六个周期
XIFANG ZHEXUE FAZHAN DE LIUGE ZHOUQI

出　　　　版	天津人民出版社	
出　版　人	刘锦泉	
地　　　　址	天津市和平区西康路 35 号康岳大厦	
邮 政 编 码	300051	
邮 购 电 话	（022）23332469	
电 子 信 箱	reader@tjrmcbs.com	

责 任 编 辑	岳　勇
特 约 编 辑	俞鸿彧
装 帧 设 计	陈一文
主 编 邮 箱	jfjb-lx2007@163.com

印　　　　刷	三河市金元印装有限公司
经　　　　销	新华书店
开　　　　本	880 毫米 × 1230 毫米　1/32
印　　　　张	7.5
字　　　　数	200 千字
版 次 印 次	2024 年 8 月第 1 版　2024 年 8 月第 1 次印刷
定　　　　价	59.80 元

前　言

现在很多人说哲学是无用的学问，与此同时，对于人类基础性知识的来龙去脉，多数知识分子普遍无知到了令人震惊的地步。

除非你说知识是无用的，否则你就应该了解西方人知识中概念的最初来源，它就是哲学。

为什么西方人会提出实体的概念？那你必须了解巴门尼德的哲学。

为什么西方人会有逻辑（logos）的概念？那你必须了解赫拉克利特的哲学。

为什么西方人会强调理性？那你必须了解阿那克萨戈拉的哲学。

为什么西方人会追问事情的原因，并产生物理学这样的科学？那你必须了解亚里士多德的哲学。

为什么西方贵族会有骑士精神？那你必须了解奥古斯丁的哲学。

为什么现在西方社会有这么多激进的白人左派？那你必须了解萨特的哲学……

总之，你要想系统地了解西方文化基石，知道西方社会强盛与衰败的秘密，就必须了解西方有智慧的一群人。这些人就是西方的哲学家。

哲学家首倡了西方文化独有的抽象概念，西方国家的繁荣富强就是建立在这些概念的基础之上。要知道盲目的工匠永远不可能建造高楼，只有用抽象理论指导的人才能构建辉煌的大厦。

因此，真正对人类社会有决定性影响的，一定是一种伟大的思想对社会一个或多方面的构建，没有思想的构建，人类的武力、财富、经验堆积的体系都只是一堆没有灵魂的散沙，难以再向前进一步。如亚里士多德在《形而上学》中所言："有经验的人较之只有些官感的人为富于智慧，技术家又较之经验家，大匠师又较之工匠为富于智慧，而理论部门的知识比之生产部门更应是较高的智慧。这样，明显地，智慧就是有关某些原理与原因的知识。"[1]

人类历史中只有智慧的原理是可以传承的，永恒的财富，只有在其上建造的才是可以持续升级的社会结构。

了解哲学的人都知道人类历史上有许多伟大的哲学家，他们的理论都在当时或者后世有着巨大的影响。

这些伟大的哲学家的思想就像绚丽夜空的星辰。但是现在，多数人连他们的名字都说不全。这是为什么呢？就是因为对其内在联系规律没有一个系统的认识。就如当年的化学元素，在没有化学元素周期表前，其元素性质是很难以系统理解的。

笔者经过多年的思考，把古代西方主要哲学理论总结成了周期表。

书中的哲学理论都会按照这张表上的人物逐个讲解，让读

---

[1] ［古希腊］亚里士多德著：《形而上学》，吴寿彭译，商务印书馆，1959年，第4页。

者明白西方智慧与科学从古代跃迁到现在的历程。

表1　西方哲学人物周期表

门派	经验派	精神派	贵族派	文化派
象形时代	泰勒斯	毕达哥拉斯	赫拉克利特	巴门尼德
文化时代	德谟克利特　恩培多克勒	阿那克萨戈拉　普罗泰戈拉	苏格拉底　柏拉图	亚里士多德
贵族时代	犬儒学派	伊壁鸠鲁学派	斯多葛学派	怀疑派
神圣时代	—　—　—	—	奥古斯丁	阿奎那
系统时代	洛克　培根	斯宾诺莎　笛卡尔	卢梭　霍布斯	康德（休谟、贝克莱）
工具时代	边沁　孔德　皮尔士	叔本华　罗素	胡塞尔　黑格尔　尼采　萨特	—

当前，哲学是艰深晦涩的代名词，它属于少数人的学问。

本书将会把哲学与历史放在一起写，以方便多数人可以理解。笔者力求把哲学中深刻的知识写得通俗易懂，揭示哲学家用智慧改变历史的真相。

目　录

第一篇　象形时代

一、泰勒斯 / 001

二、毕达哥拉斯 / 004

三、赫拉克利特 / 008

四、巴门尼德 / 012

五、象形时代小结 / 015

第二篇　文化时代

一、德谟克利特 / 017

二、恩培多克勒 / 021

三、阿那克萨戈拉 / 024

四、普罗泰戈拉 / 028

五、重大事件：苏格拉底与柏拉图的出场背景 / 031

六、苏格拉底 / 034

七、柏拉图之一：思想概略 / 040

八、柏拉图之二：理想国 / 041

九、柏拉图之三：理念论 / 055

十、柏拉图之四：宇宙起源论 / 058

十一、柏拉图之五：道德观与灵魂不朽 / 061

十二、亚里士多德之一：逻辑学 / 066

十三、亚里士多德之二：形而上学 / 069

十四、亚里士多德之三：伦理学 / 071

十五、亚里士多德之四：政治学 / 074

十六、亚里士多德之五：物理学 / 077

十七、亚里士多德之六：成就 / 080

第三篇　贵族时代

一、历史背景之罗马兴起 / 081

二、犬儒学派 / 084

三、伊壁鸠鲁学派 / 086

四、斯多葛学派 / 091

五、怀疑主义 / 096

第四篇　神圣时代

一、犹太教的历史背景新说 / 101

二、奥古斯丁之《忏悔录》/ 102

三、奥古斯丁之《上帝之城》/ 104

四、阿奎那 / 107

第五篇　系统时代

一、西方文明获得均衡后的突飞猛进 / 111

二、弗兰西斯·培根 / 112

三、笛卡尔 / 117

四、霍布斯 / 121

五、洛克之一：认识论 / 124

六、洛克之二:道德和政治理论 / 129

七、斯宾诺莎 / 134

八、卢梭 / 139

九、贝克莱 / 144

十、休谟 / 148

十一、工商业人士独立的标志:《国富论》/ 150

十二、康德之一:哥白尼式革命 / 154

十三、康德之二:形而上学的构架 / 158

十四、康德之三:实践哲学 / 162

十五、康德之四:总结 / 166

第六篇　工具时代

一、边沁 / 169

二、叔本华 / 173

三、黑格尔 / 178

四、孔德 / 182

五、罗素 / 186

六、尼采 / 188

七、皮尔士 / 192

八、胡塞尔 / 195

九、萨特 / 198

第七篇　关于西方哲学史上的前沿问题

一、数学非先天直观的如何成为可能 / 203

二、形而上学之框架选取理论 / 205

三、因果性如何成为可能 / 208

四、亚里士多德"四因"新说 / 211

五、物理学的守恒定律如何成为可能 / 213

六、物理实验的真相是我们在为公式寻找载体 / 216

七、时间与空间 / 220

结束语：东西方哲学的融合 / 223

参考文献 / 225

第一篇　象形时代

一、泰勒斯

1. 背景

每本哲学史教科书提到的第一件事，就是哲学的源头是从古希腊米利都的泰勒斯开始的。那时，在米利都，人民最初获得了胜利，杀死了贵族们的妻子儿女，后来贵族又占了上风，把对方活活烧死，拿活人做火把将城内的广场照得通亮。[1]

从这里我们可以了解米利都的社会形式，米利都的祭司显然不能完全凝聚工商业人士，调和他们与贵族之间的冲突。贵族的卫生事业需要依靠工商业人士。工商业人士可以找到机会，与贵族争夺城市的领导权，这就是当时的时代背景。

工商业人士需要一种共同的交流基础，这种交流基础，不是如宗教一般以精神的信仰为最终目的，也不是如贵族们一样，以自然力的终极比拼为目标。

工商业人士最初的共同话语基础就是自然，自然资源加上

---

[1] ［英］罗素著:《西方哲学史（上卷）》，何兆武、李约瑟译，商务印书馆，1963年，第29页。转引自罗斯多夫采夫，《古代世界史》第一卷第204页。

工商业人士们的手艺就能得到各种各样的产品，就是他们幸福生活的源泉。

不需要崇拜的自然，他们认为这就是世界的本源。贵族们占领再多的土地，也最后还要身化黄土，回归自然；祭司们狂热的崇拜，还不如依靠自然。

因此，最初的哲学家中以泰勒斯为代表的米利都学派认为所有人都可认识的自然物质是世界的本源，以此为基础，解释世界的现象。

这其实是给了所有工商业人士一个文化交流的基础，那就是我们的生活都是平等地来自自然的恩赐，平等带来的是每个人都可以验证的共同知识，而无须看贵族与祭司们的脸色。

泰勒斯作为工商业人士的代表，提出了"水为万物之源"[1]，向祭司与贵族提出了挑战。

2.观点

现代哲学的观点认为万物包含着土、空气还有灼热的恒星等，但实际上泰勒斯所说的万物可能是指有生机的万物。

我们可以进行类比，现在之所以说金星上没有任何东西，就是因为它上面没有水，所以任何有机生物都不可能产生。从这个角度来说，我们同样认为"水为万物之源"。这样我们就有了以共同可知之物为基础认识一切的世界观，这就开创了哲学。

当然，不少人会认为水还不够形象地说明自然的本源，因此米利都学派来了两个帮手，这就是泰勒斯的学生阿那克西曼德，以及阿那克西曼德的伙伴阿那克西美尼。

阿那克西曼德认为万物都出于一种简单的元质，但是那

---

[1] [古希腊]亚里士多德著:《形而上学》，吴寿彭译，商务印书馆，1959年，第8页。

并不是泰勒斯所提出的水，或者是我们所知道的任何其他的实质。它是无限的、永恒的、无尽的，而且"它包围着一切世界"[1]。阿那克西美尼认为"基质是气。灵魂是气；火是稀薄化了的气；当凝聚的时候，气就先变为水，如果再凝聚的时候就变为土，最后就变为石头。这种理论所具有的优点是可以使不同的实质之间的一切区别都转化为量的区别，完全取决于凝聚的程度如何"[2]。

阿那克西曼德的观点明显更抽象，但阿那克西美尼的观点更符合当时人们形象理解世界的需要，因此，当时阿那克西美尼获得了比阿那克西曼德更大的声望。

3.泰勒斯的事迹

古希腊米利都的一个夜晚，一位哲学家正在夜观天象。突然几颗熟悉的星星的星光发生了变化，哲学家一怔，看来明年橄榄要大丰收了。

这时旁边有人走过来说，泰勒斯，你又在这里看星星、研究哲学浪费时间，不如去好好工作，赚点钱来得实在。

泰勒斯笑了笑，心想赚钱还不容易吗？

于是他把他所有的钱作为租用丘斯和米利都的全部橄榄榨油器的押金，由于当时没有人跟他争价，他的租价是很低的。到了收获的时节，突然间需要许多榨油器，他就恣意地抬高价钱，于是赚了一大笔钱。这样他就向世界证明了只要哲学家们愿意，就很容易发财致富，但是他们的雄心却是属于另外的一种，那就

---

[1]　[英]罗素著:《西方哲学史（上卷）》，何兆武、李约瑟译，商务印书馆，1963年，第32页。

[2]　[英]罗素著:《西方哲学史（上卷）》，何兆武、李约瑟译，商务印书馆，1963年，第34页。

是他们需要获得来自知识共识的精神幸福，而不再是来自祭司或英雄们恩赐的精神幸福。

另外，还有一件事是发生在贵族们从事的战争领域，在对波斯的战争中，他解决了一个军队后勤上的问题，使吕底安国王的军队渡过了哈里斯河。他的办法是挖一条人工渠分流一部分河水，这样一来大河就成了两条较浅的河，很容易在上面架桥。这样他为战争的胜利做出了重要的贡献。

4.意义

米利都学派提出自己的理论，这是人类思想史上的第一次大挑战。

这种挑战是以海洋民族的工商业文明为基础的，只有工商业社会里，才有工商业与贵族们卫生事业的明显分离。而在农业社会与游牧社会里，保卫土地资源是最重要的工作。

后面将会有希腊工商业社会中的祭司、贵族、文化人的代表轮番应战。

二、毕达哥拉斯

1.背景

自从米利都学派到处宣扬自然认识论之后，很多人都开始相信看得见、摸得着的水、气等自然物体是万物之源。自然哲学对祭司行业的指责是很明显的，祭司那套用来精神引导的说教太不靠谱了：人的精神可以日游千里，白日做梦，而神迹也不是随时可见，这让我们这些做工商业的工匠怎么能用得上呢？

于是，祭司的影响力大幅度降低了。

不过，很快出现了一位精神领域的研究者，他说："精神比物质认识更可靠，若不信就看看我的数学知识，完美地符合逻辑，比你们自然哲学形象的比喻严密多了。"

这个人就是宗教与哲学的调和者毕达哥拉斯。

这样我们就有了从可靠的精神知识来认识世界的理论。当然，笔者所说的祭司不是真正引导公众做祭祀的人，而是一种引导人们精神生活的人。

引导人们的精神，也就是让人们为自己生活。毕竟我们的终极目标不是自然之物，不是力量比较，也不是获得知识，而是为了我们自己。因此，综观西方哲学史，精神派哲学家都是很受大众欢迎的。

2.观点

毕达哥拉斯教导说："首先，灵魂是个不朽的东西，它可以转变成别种生物；其次，凡是存在的事物，都要在某种循环里再生，没有什么东西是绝对新的；一切生来具有生命的东西都应该认为是亲属。"[1]

亚里士多德告诉我们，毕达哥拉斯派"致力于数学研究，他们是最先推动这项研究的，由于长期浸淫其中，他们进而认为数的原则就是所有事物的原则"[2]。毕达哥拉斯对数学感兴趣似乎是因为追求不朽。他的原创性有一部分在于他相信数学研究是净化灵魂的最佳方式，这也就是说，他把数学看成一种神圣赋予的精神知识，了解这些知识就认识了神圣运行的原则与规律。跟他学习了这些知识就会变得神圣与高尚，从而达到比自然知识更伟大的不朽的效果。于是，毕达哥拉斯贬低了米利都的自然哲

---

[1] ［英］罗素著：《西方哲学史（上卷）》，何兆武、李约瑟译，商务印书馆，1963年，第39—40页。

[2] ［美］撒穆尔·伊诺克·斯通普夫、［美］詹姆斯·菲泽著：《西方哲学史》，邓晓芒、匡宏等译，北京联合出版公司，2019年，第11页。

学派。

毕达哥拉斯区分了三种不同的生活，也自此引出了灵魂的三重区分。

他说，来到奥林匹克赛会的有三种人。最低级的是那些做买卖的人，他们为利益而来。其次是那些来参加比赛的人，他们为荣誉而来。他认为最好的是那些作为观众而来的人，他们对正在发生的事情加以思考分析。在这几种人里边，观众体现了哲学家的活动，他们摆脱了日常生活和它的种种不完善。[1]

灵魂的三重区分中，如米利都的自然哲学派都是为了生活做买卖谋利的人，贵族们是为了参加比赛而来的人，而只有他的毕达哥拉斯学派是完全为了思考精神问题内在规律而来的人。一时间，毕达哥拉斯影响巨大，略胜一筹。

相比柏拉图为建立他的"理想国"几次在叙拉古碰壁，毕达哥拉斯还曾为图里立法，而且他的团体存在的时间还不短，可见其影响力之大。

3.毕达哥拉斯的事迹

毕达哥拉斯最伟大的发现，或者是他的弟子的最伟大的发现，就是关于直角三角形的命题，即直角两夹边的平方的和等于另一边的平方，即毕达哥拉斯定理（勾股定理）。

毕达哥拉斯说"万物都是数"。这一论断如果以近代的方式加以解释的话，在逻辑上是全无意义的，然而毕达哥拉斯所指的却并不是完全没有意义的。他发现了数在音乐中的重要性，数学名词里的"调和中项"与"调和级数"就仍然保存着毕达哥拉斯为音乐和数学之间所建立的那种联系。他把数想象为像是表现

---

[1] ［美］撒穆尔·伊诺克·斯通普夫、［美］詹姆斯·菲泽著：《西方哲学史》，邓晓芒、匡宏等译，北京联合出版公司，2019年，第12页。

在骰子上或者纸牌上的那类形状。我们至今仍然说数的平方与立方，这些名词就是从他那里来的。[1]

数学运行中的结果可以由一些规则运算获得，这可以为精确的精神引导提供依据。

当然他的知识体系并不完善，为了弥补自己的体系，他甚至用了偏执的手法，这与很多精神导师的做法类似。

亚里士多德说："毕达哥拉斯最初是从事数学和算学，后来一度不惜从事非里赛底斯所奉行的魔术。"[2]

他相信神秘的启示，规定了很多禁忌，增加了团体的宗教仪式感，如：禁食豆子；东西落下了，不要捡起来；不要去碰白公鸡；不要劈开面色；不要迈过门闩；不要用铁拨火；等等。[3]

4.意义

毕达哥拉斯把万物看成数，是为了引导人们进行他认为的正确精神活动，为此他甚至不惜使用一些宗教手段。

他用严密的逻辑和可靠的结果打击了米利都学派的经验知识，并开创了一种从哲学上研究灵魂的先例，为把灵魂与身体分开来讨论提供了方法与思路。当然也有人说数学与神学的结合开始于毕达哥拉斯，它代表了希腊的、中世纪的及直迄康德为止的近代宗教哲学的特征。

---

[1] ［英］罗素著:《西方哲学史（上卷）》，何兆武、李约瑟译，商务印书馆，1963年，第43页。

[2] ［英］罗素著:《西方哲学史（上卷）》，何兆武、李约瑟译，商务印书馆，1963年，第37页。

[3] ［英］罗素著:《西方哲学史（上卷）》，何兆武、李约瑟译，商务印书馆，1963年，第38页。

三、赫拉克利特

1. 背景

话说泰勒斯的米利都学派把自然哲学理论讲得头头是道，毕达哥拉斯更是把追求不朽的社会精英紧紧地吸引在身侧。他们都在希腊跑马圈地、扩充人马，一时之间风生水起。偶尔他们两派还斗斗嘴，提高一下他们的社会影响力。

这时，负责希腊军事卫生领域的贵族坐不住了。

贵族武士们为捍卫希腊出生入死，虽然地位高贵，但是都是拿命换来的。

有一天，突然发现自己在公众中没有代言人。

于是一位伊奥尼亚的老贵族赫拉克利特亲自上场了。

他一定要把被教坏的希腊人从教唆犯口中救下来。

他对所有的显赫的前人们，除了一个人，都曾加以抨击。

他说："该当把荷马从竞技场上逐出去，并且加以鞭笞。"

"我听过许多人谈话，在这些人中间没有一个能认识到，所有的人都离智慧很远。

"博学并不能使人理解什么，否则它就已经使赫西俄德、毕达哥拉斯，以及色诺芬尼和赫卡泰理解了。

"毕达哥拉斯认为自己有智慧，但那只是博闻强记和恶作剧的艺术罢了。"

唯一免于受他谴责的例外便是条达穆斯，他被赫拉克利特视为一个"比别人更值得重视的人"。

如果我们追问这种称赞的原因，我们便可以发现条达穆斯说过："绝大多数的人都是坏人。"[1]

---

[1] ［英］罗素著：《西方哲学史（上卷）》，何兆武、李约瑟译，商务印书馆，1963年，第51页。

这里要说明一下，商业社会中的农民也可以算是工匠。但是一旦遇到需要保卫土地时，他们就用贵族的思维思考，我这里说的贵族就是指职业武士们，不过从广义上来说，站在社会顶层，保卫自己手中资源和权力的人都可以算是贵族。

2.观点

我们都知道：米利都学派追求现实的确定性，毕达哥拉斯学派追求灵魂的不朽。如果一切人都在追求不朽与确定性，那谁还跟随军事贵族四处征战。于是，赫拉克利特认为没有什么东西是永恒的，一切都在流变之中。

赫拉克利特最为我们熟知的名句就是"我们不能两次踏进同一条河流"[1]。

他认为如荷马一样追求与歌颂和平是不可取的，只有不断斗争才是人类永恒的主题。当然，能够执行战争任务，推动社会进步的人就只有贵族武士了。

赫拉克利特是信仰战争的。他说："战争是万物之父，也是万物之王。它使一些人成为神，使一些人成为人，使一些人成为奴隶，使一些人成为自由人。"又说："荷马说'但愿诸神和人把斗争消灭掉'，这种说法是错误的。他不知道这样就是在祈祷宇宙的毁灭了；因为若是听从了他的祈祷，那么万物便都会消灭了。"又说："应当知道战争对一切都是共同的，斗争就是正义，一切都是通过斗争而产生和消灭的。"[2]

他认为应当放弃工匠们那种对物质财富的渴望，那是令人

---

[1]　[英]罗素著:《西方哲学史(上卷)》，何兆武、李约瑟译，商务印书馆，1963年，第56页。

[2]　[英]罗素著:《西方哲学史(上卷)》，何兆武、李约瑟译，商务印书馆，1963年，第51页。

沉沦的。

他认为只有变化、斗争、对立是永恒的。他的伦理乃是一种高傲的苦行主义，近代如尼采这样的贵族派哲学家还具备这种伦理特性。他认为灵魂是火和水的混合物，火是高贵的，而水是卑贱的。灵魂中具有的火最多，他称灵魂是"干燥的"。

"干燥的灵魂是最智慧的最优秀的。"[1]

于是他隐晦地重提了贵族作为统治者的合理性。

"对于灵魂来说，变湿乃是快乐。"

"一个人喝醉了酒，被一个未成年的儿童所领导，步履蹒跚地不知道自己往哪里去，他的灵魂便是潮湿的。"

"对于灵魂来说，变成水就是死亡。"[2]

赫拉克利特想表达这样一个理念：民众是贪图享乐的，如水一般低贱的，只有贵族是高尚的、朴素的，因此要实行贵族哲学，让贵族来统治民众。

赫拉克利特为了把他的观点形象化，他把永恒的变化比喻为火。

作为他的一个著名观点，他说："世界的'过去'、现在和未来永远是一团永恒的活火。"[3]

一切事物都是火神。既然火神存在于一切事物之中，人的灵魂也是火神的一部分。

以火的形象为基础，他解释了运动的规律。

[1] [英]罗素著：《西方哲学史（上卷）》，何兆武、李约瑟译，商务印书馆，1963年，第51页。

[2] [英]罗素著：《西方哲学史（上卷）》，何兆武、李约瑟译，商务印书馆，1963年，第51页。

[3] [英]罗素著：《西方哲学史（上卷）》，何兆武、李约瑟译，商务印书馆，1963年，第58页。

他说："一切事物都换成火，火也换成一切事物，正像货物换成黄金，黄金换成货物一样。"[1]

他认为作为普遍规律的理性变化的过程不是杂乱无章的运动，而是神的普遍理性（即逻各斯，logos）的产物。[2]这样，他第一个把运动与变化提到了可以认识的规律上来。

在他看来本质的、永恒的东西是不会变的，只有外在的、修饰的表面会不断改变，而贵族们的存在意义正代表着事物最本质的意义。如铁匠、木匠这样的工匠改变的都只是事物外在的形态，于事物的本质没有真正的实际影响。

本质在赫拉克利特看来就是一种内在的、不变的组织秩序实体，它区别于与之对立外在的、可改变的形式。

在他之后的贵族派哲学家大多把运动、秩序、对立作为认识的出发点，并认为这些概念是哲学的最基本范畴。

3.意义

赫拉克利特认为一切处于流变之中，为隐晦地说明生死问题打开了道路。

既然人是随时变化的，那么武士们战死也是身体的一次重大的变化而已，而且对于永恒的斗争来说是一次有意义的变化。

此后的贵族代表的哲学家，都会用各种方式表达他们对生死的见解，因为没有人喜欢讨论自己将会死亡的事实，所以贵族派的哲学代表人物的理论往往是晦涩的。

赫拉克利特还在认识论上为认识运动的规律与实质找到了

---

[1]　［美］撒穆尔·伊诺克·斯通普夫，［美］詹姆斯·菲泽著：《西方哲学史》，邓晓芒、匡宏等译，北京联合出版公司，2019年，第15页。

[2]　［美］撒穆尔·伊诺克·斯通普夫，［美］詹姆斯·菲泽著：《西方哲学史》，邓晓芒、匡宏等译，北京联合出版公司，2019年，第15页。

突破口。

虽然在他看来运动的源头是斗争与对立，但正是这种对立认识，让人们可以找到运动的事物的边界，从而明白哪些是我们判定为实体的，哪些是需要忽略掉的。

这与贵族的职业特性惊人地一致，贵族认为除了保卫生命的措施，其余的物质、精神享受都是多余的。

对于贵族来说，世界上的斗争无处不在，他们说："对立对于我们是好的。"[1]

这种学说影响着后世众多贵族派哲学家。例如黑格尔哲学正是通过对立面的综合而进行的。

四、巴门尼德

1.背景

眼看着泰勒斯为代表的自然哲学理论，毕达哥拉斯为代表的精神哲学，赫拉克利特为代表的贵族哲学三大门派你方唱罢我登场，整个社会舆论完全为这些新理论所点燃，有一派原来牢牢掌握社会舆论的人坐不住了，这些人就是文化批判者。

对于我们这些人来说，可能很难理解古希腊文化批判者的地位。

举个例子来说，在古希腊的城邦中，如果你被盗了一匹马，只要你报案，并且核实属实的话，那么城邦会先赔偿你一匹马，然后再派人去捉拿那个盗马贼，这至少在众多古代的亚洲国家是不可能的。

判断你是不是真正被盗了一匹马的是裁决团，而能够影响

---

[1] [英]罗素著：《西方哲学史（上卷）》，何兆武、李约瑟译，商务印书馆，1963年，第55页。

裁决团的是这个城邦的文化，也就是一群批判、监督公众事业的文化人。

2.观点

巴门尼德对他的前辈的理论都很不屑，因为他的前辈的理论都无法运用到公共的事业之中去。

他的学说表现在一首《论自然》的诗里。他以为感官是骗人的，并把大量的可感觉的事物都斥之为单纯的幻觉。唯一真实的存在就是"一"。一是无限的、不可分的。[1]

巴门尼德之所以认为一切是"一"，把一切抽象为"一"，这种理论才可以为公众所公认、所运用。

他指出"一"必定是一个完美的球体。如果它在任何的一个方向上是不规则的，就像保龄球上钻有三个洞，这将在保龄球里边产生一个不存在的区域，这也会错误地断言某物不存在。

从这里我们可以看出巴门尼德对稳定的、可用的概念的追求。

如果一个概念本身是在变动之中的，那么这个概念会给公众理解和运用造成巨大的困难。只有当我们把这个概念抽象为"一"这样一个整体时，它对于公众才是可以理解和运用的。因此罗素说巴门尼德创造了实体这个概念，罗素认为"实体"这个词在他直接的后继者之中并不曾出现，但是这种概念已经在他们的思想之中出现了。"实体"被人设想为是变化不同的谓语之永恒不变的主词。它就这样变成哲学、心理学、物理学和神学中

[1]　[英]罗素著:《西方哲学史（上卷）》，何兆武、李约瑟译，商务印书馆，1963年，第61页。

的根本概念之一，而且2000多年以来一直如此。[1]

巴门尼德论辩说，既然现在能够知道通常被认为是过去的事物，那么它实际上就不能是过去的，而一定在某种意义上是现在存在着的。因此他就推论说，并没有所谓变化这种东西。[2]

其实，巴门尼德还是从概念上来认识问题。

如果我们谈论到华盛顿，我们说的华盛顿这个概念和原来美国历史上的华盛顿这个概念是一个概念，如果我们篡改了美国历史上华盛顿这个概念，才会让我们说两个华盛顿的概念不一致。

因此，巴门尼德把这种具有"一"的属性的概念的认识与运用看成"真理之道"的认识，而将其他的经验或者精神认识方法称为"意见之道"。

3.意义

巴门尼德开启了完全从概念上抽象分析问题的方式，为后来亚里士多德形而上学的建立提供了思路。

他对事物无与伦比的抽象能力，为实体概念的提出奠定了牢固的基础，成为哲学、心理学、物理学和神学中的根本概念之一。

在下一时代——文化时代中，能够应对巴门尼德批判的哲学家们都将在历史上留下他们的大名。

---

[1] ［英］罗素著：《西方哲学史（上卷）》，何兆武、李约瑟译，商务印书馆，1963年，第66页。

[2] ［英］罗素著：《西方哲学史（上卷）》，何兆武、李约瑟译，商务印书馆，1963年，第65页。

五、象形时代小结

1. 象形时代是哲学的初创年代，但是各门派的特征已经显而易见

以泰勒斯为代表的自然哲学理论简单形象，以毕达哥拉斯为代表的精神哲学深奥玄妙，以赫拉克利特为代表的贵族哲学冷傲晦涩，以巴门尼德为代表的文化哲学抽象严谨。

为了在全书之中记录方便，我们把泰勒斯为代表的自然哲学流派称为经验派，把毕达哥拉斯为代表的精神哲学流派称为精神派，把赫拉克利特为代表的哲学流派称为贵族派，把巴门尼德为代表的哲学流派称为文化派。

2. 为什么要把哲学的门派分为四种

笔者是从人类最基本的生存必备品——食物展开思考的，四种哲学流派的分类原理，其实早已经在笔者2012年出版的《幸福经济学》中被提出。

具体如下：

人类消化食物，获得基本的精神思维力与自然体力。工具是拥有力量放大能力的物品。文化指导共同使用工具。精神是人思维的本能。卫生保卫人精神的可延续性。

只要人类存在，就必须有人从事这四种职业，而这四种职业的行动与思维方式是迥然不同的。

笔者认为，这种分类比从存在、唯心、永恒、荣誉之类抽象的概念来为哲学家理论分类可靠和有根据得多，而且我将在下面的漫长哲学史中加以论证。

笔者不得不小小得意地说，我的哲学分类基石是铁打的营盘，因为谁都要有吃饭、睡觉等各种需求。而其他哲学家的分类基础都是流水的兵，因为每个人喜欢的抽象概念都不一样，用不

了两下就得换主题。

四大门派既然已形成，其后数千年的哲学论战都在这几个门派之间展开。

3.人类要想获得永恒的未来，必须均衡发展以上四种职业

经验派、精神派、贵族派的代表人物是人多势众、善于团体作战；文化派的代表人物都是寂寞高手，每一个都能开创一个新的时代。他们之间是连年混战，每次都找准对手的逻辑问题来上致命一击，比历史上的战争小说更精彩。

象形时代下一个时代是文化时代。之所以把这个时代称为文化时代，是因为当时的希腊公民大会在希腊城邦中具有至高无上的地位。公民大会要做出各种决定，就需要公民们在公民大会提出各种意见，然后进行辩论。因此，在辩论中文化所起的作用是决定性的。

应对巴门尼德的"一"的抽象，把自家理论发展成为一种可以为公众运用的文化理论，就成为各门派理论要直接面临的挑战。各门派都将用上吃奶的劲儿，拿出各种绝招说明本职业在文化社会中的重要作用，从而上演更让人叹服的对决。

第二篇　文化时代

一、德谟克利特

1.背景

经验派虽然明显抢占了先机，但精神派、贵族派都很明显地针对出头鸟，连文化派都把经验派理论归入不登大雅之堂的"意见之路"。

这让经验派异常郁闷，心里想都是同道的朋友，你们还是学习我们的运作方法形成的，用得着这么针对我们吗？不行，我们不能让自己的领先地位受到挑战。我们才是"正宗哲学"。

不久，经验派果然出了一对师徒，成功应对了巴门尼德把一切抽象为"一"的要求。他们是留基波和德谟克利特。

2.观点

（1）根据亚里士多德的描述，原子论的产生是想要克服埃利亚学派拒斥空间的逻辑结果。巴门尼德否认存在任何独立的事物，因为到处都是存在，在这种情况下整个的存在是一。尤其是他否认非存在或虚空（空的空间）的存在，因为说存在着虚空就是说虚空是某种存在。[1]

留基波则肯定了空间的实在性，他认为我们可以肯定空间的存在，同时无须说空间是物质的。所以他把空间描述为一个容器，它可以在某个地方是空的，而在另一个地方被充满。空间或虚空作为一个容器可以是物体移动的场所。那空间里面又有什么呢？在留基波和德谟克利特看来，事物的本质在于无限数量的微粒或单元，称为"原子"。留基波和德谟克利特赋予这些原子两个主要的特性——这也是巴门尼德认为"一"所具有的，即不可毁灭性和永恒性。[2]

原子在空间中运动，它们的运动使它们形成了我们经验中看到的物体。这样，留基波和德谟克利特把空间看成非物质的存在的事物，这样既符合了巴门尼德认为虚空是作为存在的虚空，又成功地提出了运动和变化的连贯理论。

留基波和其弟子德谟克利特一招就解决了贵族派的运动问题和文化派的概念可用性问题，因此虽然留基波在历史上只留下只言片语，但是他仍然作为原子理论的开创者为亚里士多德所记录。

（2）德谟克利特说不存在绝对的"上"或"下"，最初原子在空间中运动着，它们是单个的单元，它们不可避免地相互碰撞，在有些情况下，它们的形状使它们能够结合在一起，形成团。[3]

土、气、火、水描述为本身不变的原子所形成的各种不同

[1]［美］撒穆尔·伊诺克·斯通普夫〔美］詹姆斯·菲泽著：《西方哲学史》，邓晓芒、匡宏等译，北京联合出版公司，2019年，第24页。

[2]［美］撒穆尔·伊诺克·斯通普夫〔美］詹姆斯·菲泽著：《西方哲学史》，邓晓芒、匡宏等译，北京联合出版公司，2019年，第25页。

[3]［美］撒穆尔·伊诺克·斯通普夫〔美］詹姆斯·菲泽著：《西方哲学史》，邓晓芒、匡宏等译，北京联合出版公司，2019年，第25页。

的聚集，这些聚集产生于最初单一的原子的运动。这四种元素并不像早先的哲学家所认为的那样是所有其他事物的最初根据，它们本身也是绝对原始的物质、原子的产物。[1]

这样，德谟克利特使自己的理论具有了内在的规律，有力地回击了精神派认为经验派只懂得外表肤浅的比喻的说法。

（3）作为经验派的哲学家，德谟克利特并不追问原子的起源，而只是把它看成一种事实的物质环境，就如我们在记述泰勒斯章节所说的，经验派的哲学家只是为了拥有一个共同讨论世界的基础，然后通过这种基础构建出美好的生活。要获得美好的生活，就要有社会经验，如了解传统文化上的教养和一切事务上的行事限度，这些对于普通的工商业人士来说确实足够了。

如果想要进一步获得真理那就要有更多要求。德谟克利特应对巴门尼德"真理之道"与"意见之道"的说法，提出了"真实的知识"和"暧昧的知识"。他说："存在着两种形式的知识，真实的知识和暧昧的知识。属于后者的是视觉、听觉、嗅觉、味觉和触觉。但是真实的知识与这完全不同。"区别这两种思想的方法是"真实的"知识仅仅依赖于对象，而"暧昧的"知识则受到那个人特定身体条件的影响。[2]

所以在他眼中真理的获得也没有那么困难，只需有良好的身体加上对事物规律的观察。不得不说，这确实是最朴素的获得真理的方法。

———————

[1] ［美］撒穆尔·伊诺克·斯通普夫、［美］詹姆斯·菲泽著：《西方哲学史》，邓晓芒、匡宏等译，北京联合出版公司，2019年，第25页。

[2] ［美］撒穆尔·伊诺克·斯通普夫、［美］詹姆斯·菲泽著：《西方哲学史》，邓晓芒、匡宏等译，北京联合出版公司，2019年，第26页。

3.影响

（1）历史影响。

留基波和德谟克利特设想的原子理论在历史上造成了长久而深远的影响。这一理论的生命力十分顽强，这种生命力来源于它是最抽象的物质的"实体"——"原子"概念，这种"原子"的概念相当于古代物理学的雏形。

虽然在中世纪他们的理论曾一度式微，但到了文艺复兴时期又东山再起，并且为接下来几个世纪里的科学工作提供了模式。牛顿（1643—1727）在写作著名的《自然哲学的数学原理》时依然用原子论的术语进行思考。在这部名著里他推导出了行星、彗星、月球和海洋的运动，他在1686年写道：我希望我们能够用从机械原理得出的相同的推理揭示出自然的其他现象，因为有许多原因促使我猜测它们或许都依赖于某些力，凭借这些力，由于某种目前还不清楚的原因，这些物体的微粒互相吸引，形成规则的形状，或者互相排斥而彼此远离。

在现代，量子理论和爱因斯坦为当代科学提供了一种新的物质概念，它似乎否认了原子有不可毁灭性。

不过德谟克利特的原子绝对不是我们原子弹里面说的原子，因为原子弹里的原子是可以分成电子、中子之类的更小的粒子，只是当时有人用了"原子"这一德谟克利特所起的名字而已。因此，现在有人居然说因为原子弹所指的原子可分，就否定德谟克利特的理论，这实在是无稽之谈。

实际上，我们可以用流体力学研究海水来比喻量子理论研究量子。

当我们一般人研究海水时，用的是流体力学，因为用每个水分子的受力来研究海水是不现实与不经济的。

因此，当我们用量子理论时，相当于我们用流体力学研究海水。而当我们如果有足够的技术可以观察到单个量子时，我们还将用研究"原子"的方法来研究它。

（2）现实影响。

由于留基波和德谟克利特为经验派正面抵挡了其他各派的挑战，其理论抽象且不通俗，它的传播多在思想家的层面，在当时社会的影响力并不是很大。

德谟克利特访问雅典时说："我到了雅典，可是没有一个人知道我。"[1]而德谟克利特的同乡，一位最杰出的智者普罗泰戈拉访问雅典的时候，曾受到热烈的欢迎。

经验派于是推出了另外一位更加实际通俗的哲学家恩培多克勒，这就是我们将在下一节要谈的主角。

二、恩培多克勒

1.背景

了解武术的人都知道武术要攻守兼备，做学问辩论也是一样。

经验派的留基波和德谟克利特既然已经回应了文化派的挑战，就该轮到经验派的学者主动扩充地盘了。

主动出击，虽然没有防守这么严密，但是各种新奇的说法总会使人饶有兴趣。

2.观点

（1）巴门尼德认为概念是"一"，具有永恒性和不可分，恩培多克勒承认永恒性和不可分，这样就达到了概念的可用性。他写道："从绝对没有实存的东西不可能产生任何存在，而存在的毁

---

[1]　[英]罗素著:《西方哲学史（上卷）》，何兆武、李约瑟译，商务印书馆，1963年，第81页。

灭也是完全不能实现也不可想象的，因为它将一直存在下去，不论什么人把它放在什么条件下，都是如此。"[1]

不过他提出的具有永恒性，不可分的不是"一"，而是"多"。

恩培多克勒确立了土、气、火、水四种元素，虽然他不曾使用"元素"这个名字。其中每一种都是永恒的，但是它们可以以不同的比例混合起来，这样便产生了我们在世界上所发现的种种变化着的复杂物质。它们被爱结合起来，又被斗争分离开来。[2]这样，他在留基波和德谟克利特之外另外找到一种方法，既保持实体永恒性，又可以解释运动的可能性。

（2）作为一个经验派的哲学家，他很能理解工商业人士除了需要物质生活之外，还需要一些精神寄托。但是经验派的理论基调又不允许他虚构出一个经验不能感知的神。

他做过一个大胆的决定，他很铺张扬厉地把自己说成是个神，就如荷马笔下行走在世间的神祇，以满足大众的精神需要。

他说："朋友们，你们住在这座俯瞰着阿克拉加斯黄色的岩石、背临城堡的大城里，为各种善事忙碌着；你们是外邦人的光荣的避难所，从来也不会干卑鄙的事情，我向你们致敬。我在你们中间漫游，我是一位不朽的神明而非凡人，我在你们大家中间受到了恰当的尊敬，人们给我戴上了丝带和花环。只要当我带着这些加入男男女女的行列进入繁盛的城市，人们便立刻向我致敬；无数的人群追随着我，问我什么是求福之道；有些人想求神谕，又有些人在许多漫长而愁苦的日子里遭受各种疾病的痛苦

---

[1]［美］撒穆尔·伊诺克·斯通普夫、［美］詹姆斯·菲泽著：《西方哲学史》，邓晓芒、匡宏等译，北京联合出版公司，2019年，第21页。

[2]［英］罗素著：《西方哲学史（上卷）》，何兆武、李约瑟译，商务印书馆，1963年，第69页。

的摧折，祈求能从我这里听到医病的话。但是我为什么要把超过必死的、必朽的凡人当作好像是一件了不起的事情而喋喋不休呢？"[1]

3.事迹

与众多经验派的哲学家一样，恩培多克勒对自然事物的观察十分仔细。

他说："当一个女孩子玩弄发亮的铜制计时器，用她美丽的手压住管颈的开口，把这个计时器浸入水的银白色易变形的物质中时，水并不会进入这个器皿，因为内部空气的重量压着底下的小孔，把银水往回堵住了，一直要等到她把手拿开放出压缩的气流时，空气才会溢出，同量的水才会流进去。"

这段话是他解释呼吸作用时说的。他至少也发现过一个离心力的例子，如果把一杯水系在一根绳子的一端而旋转，水就不会流出来。[2]

4.影响

恩培多克勒尽可能地从经验的角度引导人们认识这个世界。现代给我们带来快乐的各种魔法游戏，如《魔法门》里面就有水、气、土、火四系魔法，还有中国的五行的认识方法，也与它十分相似，可以说恩培多克勒的认识方法非常符合人们对自然世界的直观认识。

把具有特定性质的物质看成不可分的已知元素，用一种"多"的观点来认识自然界，认为元素组合成世界万事万物的理

---

[1]　[英]罗素著:《西方哲学史（上卷）》，何兆武、李约瑟译，商务印书馆，1963年，第71页。

[2]　[英]罗素著:《西方哲学史（上卷）》，何兆武、李约瑟译，商务印书馆，1963年，第68页。

论既是古代化学的雏形，也是现代化学的出发点。

他还把赫拉克利特那种贵族间的斗争思想引入了他的作品之中，不过可以明显地看出来，他对斗争没有那么执着，而是用一种情调，轻松地把结合说成了一种爱，把分离说成是一种斗争。这里大家就可以仔细地体会一下他和赫拉克利特的言辞有多么不相同，就能明白他们的出发点是大相径庭了。

恩培多克勒眼中的斗争，是在城市小资们眼中观察到的，好像用小说美化过的，因为不再爱而产生的斗争，这可以让工商业人士更好地理解世界，毕竟作为经验派哲学家不能够让贵族派哲学家独占运动的解释权。

小结一下：恩培多克勒的影响不只是四元素的学说对化学的形成具有重大的贡献，还有他让人感到有趣的创新，用爱和斗争两个原则来解释变化，再加上他那种用世俗的眼光看待宗教的方式，着实为经验派理论在民众间的传播做出了巨大贡献。

三、阿那克萨戈拉

1.背景

在谈到阿那克萨戈拉的时候，很多人会想笔者是不是又要大谈他是怎样的一位精神派的高手如何来对抗经验派。但事实上，我要告诉大家的是阿那克萨戈拉向经验派大幅度地妥协了，这里就需要了解希腊历史的大背景。

可以简单回顾一下雅典的历史。

雅典最初是实行君主制度，以后让位于由九个执政官主持的寡头制度。

公元前7世纪时，以往在战场上起决定性作用的是贵族骑兵，这时已由穿戴盔甲、全身武装起来的步兵，也就是重甲兵所取代了。重甲步兵左臂挎盾、右手执长矛，以密集队伍排列成坚固方阵，作战时步调一致，因而与以往战无不胜的骑兵对阵时，能以密集的阵势将他们打败。这一新事物不仅瓦解了贵族政治权力的军事基础，而且提高了那些独立的、能为进入方阵而装备自己的农民和工匠的地位。

公元前594年，各派别一致同意任命梭伦为首席执政官，执掌政权，施行改革。梭伦采取的减轻社会痛苦的措施是简单而又严厉的。他将债务人失去的全部土地所有权归还债务人，让因负债而变成奴隶的所有平民都重新获得自由，并永远禁止债务奴隶制。在政治领域，第一次准许没有财产的平民参加公民大会，不过，公民大会拥有的权力仍旧很有限。另外，还规定富裕商人可担任执政官，还设立新的、更受欢迎的陪审法庭来代替贵族最高法院的一部分权力。总之，梭伦的贡献在于在组织上为以后建立著名的雅典民主奠定了基础。[1]

应该说，梭伦是一个考虑比较全面的文化人。他知道社会上各阶层的人士都是有用的，在他制定的法律中，既救助了平民，也安抚了贵族与富裕商人。

这种社会均衡的理念，使雅典获得进一步的迅速发展，为日后其与斯巴达同盟战胜波斯奠定了社会基础。

最值得注意的一点就是雅典的改革不像东方一些国家，每次革命都把特权阶级置于死地。雅典依然保留了贵族、祭司。

在雅典击败波斯的决定性战役——萨拉米斯海战中，祭祀为雅典军队出主意，让他们用"木墙"（战舰）防御波斯人。

贵族指挥官地米斯托克利派遣贴身卫士，假装去向波斯王告密，说希腊海军人心浮动，最后获得战机。

---

[1]　［美］斯塔夫里阿诺斯著：《全球通史：从史前史到21世纪（上册）》，吴象婴等译，北京大学出版社，2006年，第103—104页。

各种职业的人士都竭尽全力使用各种力量包括私人力量保卫雅典，这是他们获胜的必要条件，这与均衡的社会制度可以考虑到各职能团体的利益是分不开的。

希腊人的胜利，特别是雅典海军的胜利，也促进了民主制度的发展。因为划船投入战斗的划手都是无财力将自己装备成重甲步兵的公民，所以城市贫民这时在军事上所起的作用甚至比有财产的重甲步兵还要重大。这自然促进了民主制度的发展。民主制度在伯里克利执政时期达到最高潮。

阿那克萨戈拉就是伯里克利的朋友，他的理论当然要为当时文化至上的民主制度辩护。

2.观点

（1）阿那克萨戈拉要迎接巴门尼德对概念存在的抽象性与永恒性的拷问。

他抽象出了心灵（努斯，nous）概念，他把它和物质区分开来。在阿那克萨戈拉看来，这个世界和世上的一切事物都是井然有序而且具有复杂精妙的结构，所以必定存在着某个有知识、有力量的存在者把物质世界组织成这个样子。阿那克萨戈拉在他的心灵或努斯概念中所提出的，就是这样一个理性的原则。[1]

我们可以看出，他的哲学和毕达哥拉斯哲学的一脉相承的关系，过去，毕达哥拉斯学派认为万物是"数"，"数"表现了世间一切事物的规律。这与巴门尼德所说的一切是"一"的抽象水准相去甚远。阿那克萨戈拉把"数"进一步抽象为心灵。

（2）接着他重新定义精神与物质的关系，不再与毕达哥拉斯一样，认为一切都是数。

---

[1] ［美］撒穆尔·伊诺克·斯通普夫 ［美］詹姆斯·菲泽著：《西方哲学史》，邓晓芒、匡宏等译，北京联合出版公司，2019年，第22页。

他说:"过去曾经存在的东西,现在存在的东西,将来会存在的东西,全都是心灵的安排。现在分开了的日月星辰的旋转,以及分开了的气和以太的旋转,也都是心灵的安排。就是这个旋转造成了分离,于是稠密与稀薄分开,热与冷分开,明与暗分开,干与湿分开。"[1]

他认为心灵只是万物形成的原因,是一个指挥者。虽然他认为精神派的理论更高一筹,但已经承认了经验派对事物的认识,只是觉得他们没有掌握万物的规律。

3.意义

阿那克萨戈拉的心灵概念与灵魂概念不同,心灵概念是可以为理性理解的、有规律的,而灵魂概念是随心所欲的,带有神秘色彩的。

亚里士多德评论阿那克萨戈拉说理性在动物中,也在全部的自然中作为秩序和一切安排的原因而出现时,他看起来头脑冷静,截然不同于他的前辈。[2]

认为一切事物之中存在具有理性的心灵,为我们认识事物时坚信其中具有规律与理性,提供了精神层面的支持与依据。

阿那克萨戈拉将理性与规律做了最基本的抽象,并开启了哲学史上物质与精神关系的辩论,从而为日后精神派哲学的发展奠定了基础。

---

[1] [美]撒穆尔·伊诺克·斯通普夫、[美]詹姆斯·菲泽著:《西方哲学史》,邓晓芒、匡宏等译,北京联合出版公司,2019年,第23页。

[2] [美]撒穆尔·伊诺克·斯通普夫、[美]詹姆斯·菲泽著:《西方哲学史》,邓晓芒、匡宏等译,北京联合出版公司,2019年,第23页。

四、普罗泰戈拉

1.背景

你见过蚂蚁战胜大象吗？

公元前5世纪雅典就发生了这样令传统知识精英目瞪口呆的奇迹，这时期有些事物对于希腊思想来说，乃是极其重要的。在庞大的巨兽般的波斯面前，把雅典比喻成蚂蚁并不为过，可正是小小的雅典居然敢于挑战庞大的波斯帝国。

在第一次波希战争的时候，由于有马拉松之战的决定性胜利，主要的光荣就归于雅典。10年以后在第二次战争时，雅典人在海上仍然是希腊方面的最强者，并在萨拉米斯海战中取得决定性的胜利。但是在陆地上，胜利主要归功于斯巴达人，斯巴达人是希腊世界公认的领袖。然而斯巴达人的观点是狭隘的、地方性的，当波斯人被逐出希腊的欧洲部分之后，他们就不再抵抗波斯人了。保卫亚洲部分的希腊人及解放那些已经被波斯人所征服的岛屿的责任就被雅典承担起来，并且获得很大的成功。雅典变成了海上的领袖强国，并对伊奥尼亚各岛获得了相当大的帝国主义式的控制权。[1]

在温和的民主派伯里克利的领导之下，希腊各地的财富都在雅典交流汇聚，伟大的新神殿建立起来，代替被薛克修斯所毁掉的神殿。雅典城的经济和文化都空前地繁荣。

既然雅典文化体制是如此强大，生活如此富足，只要权利得到保障，任何行业的人士都没有理由去反对这种文化体制。

普罗泰戈拉就是在这种背景下，认同了雅典文化体制以及文化派巴门尼德的理论，同时提出了自己的精神派理论。

---

[1] ［英］罗素著：《西方哲学史（上卷）》，何兆武、李约瑟译，商务印书馆，1963年，第100页。

2.观点

（1）在阿那克萨戈拉的著作里，精神派就不再与经验派争夺自然的解释权，他提出了心灵的概念。

普罗泰戈拉则提出了"人是万物的尺度"[1]这一观点，进一步说明了心灵在社会与自然中的裁决者的作用。

这一观点表面上看是说每个人都有对事物平等的发言权，非常符合长期地位低下的工商业人士的胃口，而且指明了希腊以公民大会为基础的文化治理制度的合理性，使希腊公民大会能在理论上居于神殿与英雄地位之上。

不过，其含义也可以说成代表工商业人士的经验派学者，只是自然事物的认识与改造者，还不懂如何评判事物。

举一个例子。

一个鞋匠可以学会如何做鞋子，这只需要一些经验派的实践者传授的知识。但是这双鞋子到底好不好用？这就需要精神派的心灵理论来判断。换句话说，没有心灵理论的引导，即使学习再多的经验派的知识，一天能做一万双鞋子卖不出去也没有用。

普罗泰戈拉认为，经验知识受到各种知觉的限制，这些知觉是因人而异的。如果两个人观察同一个对象，他们的感觉会各不相同，因为每个人相对于这个对象的位置不一样。与此相似，同一阵风吹向两个人，一个人可能觉得凉，另一个人可能觉得暖。

（2）普罗泰戈拉对神学、伦理学及其他各门专业的学科都采取自由放任的态度。

普罗泰戈拉不考虑任何神学的探讨，因为他认为那是心灵

---

[1]［英］罗素著：《西方哲学史（上卷）》，何兆武、李约瑟译，商务印书馆，1963年，第96页。

无法把握的。他说:"关于神,我既不能认识到他们是否存在,也不能认识到他们是什么样子的,因为阻碍我的认识的因素有很多——问题的晦涩,人生的短暂。"[1]

当普罗泰戈拉谈到伦理学时,认为道德判断也是相对的。但是他认为城邦制定法律,每个人应该接受它们,因为这些法律是能够制定出的最好的法律。人们应该尊重和支持自己的传统精心发展出的习俗、法律和道德规范。因为尺度只是让工作更精准,而不是要改造现有社会的基石。

我们可以看到,他并不是如阿那克萨戈拉一样认为心灵导致风的运动,或者如叔本华一样,认为世界是我的表象,从这点上来说,普罗泰戈拉是在已知经验上尊重传统,并保留自己心灵判断的主动权,这与其对经验派的态度是一致的。

3.影响

普罗泰戈拉针对风头日劲的经验派的伟大成就,提出了四大门派都可以接受的哲学观点,似乎彻底解决了门派之争,一时之间,他成了雅典城内最受欢迎的万人迷。

他首倡的对所有学科的放任自由的学说,非常接近现代学术界倡导的风气。但在实践中遇到公众的具体问题时,就难以给出合理的统一的意见,因此备受后来贵族派哲学家们的批评。

普罗泰戈拉站上的是个人精神哲学理论的一个高峰,也是公众实用精神哲学理论的一个开始。

---

[1] [美]撒穆尔·伊诺克·斯通普夫、[美]詹姆斯·菲泽著:《西方哲学史》,邓晓芒、匡宏等译,北京联合出版公司,2019年,第32页。

五、重大事件：苏格拉底与柏拉图的出场背景

1.颠覆传统教科书认识的背景

我们在传统教科书上往往认为雅典是民主自由的典范，是以工商业人士为主导的温文尔雅的城邦，但那只是相对于斯巴达而言的。

在希腊各个城邦之中，雅典敢于挑战波斯，本身就说明了它是赋予战斗性的贵族思想支配的城邦。

第二次波希战争，雅典以温和的帝国主义姿态收取保护费，如果不是出于贵族武士不爱从事生产，而爱收保护费的一贯思维，这是不可能实施的。

还有一个明显的例证就是在苏格拉底之前，雅典没有出现过任何著名的哲学家。

而且正如这种时代所必然会发生的一样，尤其是当财富由于对外贸易而增加的时候，传统的道德与信仰就衰退了。

这里的传统的道德与信仰当然是指贵族坚韧的性格、祭司苦心营造的虔诚的信仰。

当雅典人主要依靠工商业人士特有的民主制度战胜了世界上最强大的波斯帝国，创造了繁荣稳定的社会，公平、正义与自由似乎都已经掌握在工商业职能人士自己手中。

哲学一开始只是米利都学派共同认识自然世界的知识，伴随着毕达哥拉斯的精神派、赫拉克利特的贵族派、巴门尼德的文化派的加入，哲学把精神领域、卫生领域、文化领域也纳入其中。

随着德谟克利特与恩培多克勒在理论上的一路高歌猛进，以普罗泰戈拉为代表的新精神派哲学已经在表面上向经验派妥协。

人数众多的工商业人士还有什么必要敬畏贵族？还有什么

必要让祭司代替公民团来进行裁决？

没有人有必要匍匐在高贵或神圣的标准之下，公共事业不再有可依靠的权威，这导致了公共事业的必然紊乱。

2.伟大的伯里克利在伯罗奔尼撒战争中的重大失误与教训

伯罗奔尼撒战争是以平民制雅典为首的提洛同盟与以贵族制斯巴达为首的伯罗奔尼撒联盟之间的一场战争。这场战争冲突的根本原因是雅典的力量不断增长并引发斯巴达的恐惧，导火索是斯巴达势力内部出现分裂，米加腊退出伯罗奔尼撒联盟，投靠雅典。

战争一开始，把雅典彻底带入平民制度的执政者伯里克利错误地估计了形势。伯里克利在公民大会上劝大家把郊外的财产迁入城内，固守城垣。他们要尽可能地发挥海军的优势，并且对同盟者毫不放松。因为同盟者所交纳的贡款是雅典力量的源泉。他也告诫人们不要在战争中再追求扩大领土。伯里克利给人们算了一笔账，除了雅典国家的经常性收入外，每年同盟国交纳的贡款额平均为600塔兰特，同盟的存款余额尚有6000塔兰特。此外，还有各种资源总数不下500塔兰特。即使在极窘迫的时候，神庙中的钱，甚至包括雅典娜女神像上的金片，可以拿来应急。

伯里克利的错误有几点，我在这里作简要的分析：

（1）雅典的同盟者们只有在雅典胜利时才会交纳同盟费用，一旦失败，那么马上就会停止缴纳费用。

（2）还有一个大问题就是劝大家把郊外的财产迁入城内，固守城垣。

如果雅典祭司职能人士可以发挥作用，那么他们一定会告诉大家，太多的人聚集到一起而忽略卫生的话，那么一定会产生瘟疫。事实上，在战争的第二年就发生了瘟疫。

（3）伯里克利策略的最大昏招是他认为不扩大领土，打经济战争可以让斯巴达的贵族们妥协。但实际上，农业贵族只要不失去领土，就会战斗到最后。而雅典的工商职能人士为主的民众一旦失去神庙的宗教支持就会马上离心离德。

伯里克利不明白贵族与工商业人士的根本区别，因此除非雅典人可以永远胜利，否则要想打败斯巴达是不可能的。可以说伟大的伯里克利是一个很好的战术家、政治家，但他的战略方针绝对是败笔中的败笔。

伯里克利不久之后就死于传染病，在他的策略指导下的雅典人虽然与斯巴达互有胜负，但是相比于斯巴达贵族的坚韧与不择手段，雅典平民们的心浮气躁就更加明显。

搬进雅典城的农业人口一开始是相信伟大的伯里克利的，因为农民相信强者，他们听从伯里克利的宣传进了城，少数人能托庇在亲朋好友的屋宇下，大多数人只得栖息在神殿和庙宇中，或在一切可以找到的空地上安了家。

随着伯里克利死亡，强者消失了，农民们失去信心，在伟大的伯里克利领导下都毫无胜利的迹象，何况是其他人呢？因此，雅典城发生了分裂，农民们希望与斯巴达和谈，而工商业人士则不愿意承受失败带来的损失。

当然雅典并不是没有希望，它出现了一个非常聪明的贵族叫亚西比德，这人是苏格拉底的朋友，他在赫勒斯滂海峡附近的阿卑多斯打了场胜仗，俘获敌舰21艘，一时名声大振。紧跟着在公元前410年的塞西卡斯战役中全歼斯巴达新建海军60艘三列桨舰，击毙统帅明达鲁斯，夺回赫勒斯滂的控制权，以至于斯巴达要向雅典求和。但是由于非常小的问题，如可能亵渎神像、轻敌大意，雅典人就把他罢免，并不再相信他。

除了亚西比德外，公元前406年，雅典人在阿尔吉努萨伊群岛附近，大败斯巴达舰队，使其损失了70艘战舰，斯巴达将领卡利克拉提达斯阵亡，雅典人又可以在海上称雄了。但是在此次海战中，由于追击斯巴达人时需要应对风浪，雅典舰队未能全力抢救落水的雅典士兵，导致大量人员溺水死亡，这被雅典人视为严重失职。在个别人的煽动下，雅典公民议会判处8名将军死刑，除两名逃跑之外，其余6名将军均被处死，包括伯里克利的儿子。这一冲动举动使雅典失去了全部富有经验的将领，给雅典埋下了失败的种子。

总体上，雅典人把工商业职能人士特有的斤斤计较放在了贵族身上，这让那些刀头上舐血的贵族们十分寒心，以至于雅典到最后只能派一群非专业人士上战场。

我们总结一下，雅典人在伯罗奔尼撒战争中没有把城邦中的大贵族、祭司以及偏向贵族职业的农民团结起来，而是只依靠工商职能人士一厢情愿的想法孤军奋战，雅典的失败也就成了必然。

六、苏格拉底

1.背景

在传统道德濒临崩溃之际，一位贵族派代表人物，对着经验派、精神派、文化派的哲学家们大吼道："雅典人啊！我尊敬你们、爱你们，但是我将服从神而不服从你们。"[1]

如果没有前面的铺垫，我说苏格拉底是贵族派的代表人物，大家肯定不相信。因为苏格拉底怎么看也不像是一个有钱的贵

---

[1] ［英］罗素著：《西方哲学史（上卷）》，何兆武、李约瑟译，商务印书馆，1963年，第109页。

族，但我前面已经说了，贵族只是从事卫生职业人士的通称，而苏格拉底就是一个再传统不过的雅典武士。

苏格拉底与柏拉图的区别在于柏拉图的祖先因为好运气成为战争中的领导者，而苏格拉底只是一个普通英勇的战士。苏格拉底哲学的核心就是各就其位、忠于职守，这与他的武士职业操守是一致的。在那个时代，他认为只有武士们的理论有可能拯救雅典，这与当时雅典社会的普遍认识是对立的，这种对立会使过去模糊的概念重新清晰。

2.事迹

（1）苏格拉底天生就是一个优秀的战士。阿尔西比亚德斯在《会饮篇》里曾描述苏格拉底服兵役的情形说：我们的供应被切断了，所以就不得不空腹行军，这时候苏格拉底的坚持力真是了不起的，在战争期中常常发生的这类情势之下，他比所有人都更卓绝，没有一个人可以和他相比。他忍耐寒冷的毅力也是惊人的。曾有一次严霜，因为那一带的冬天着实冷得可怕，别人不是躲在屋里，就是穿着多得可怕的衣服，紧紧把自己裹起来，把脚包上毛毡，这时只有苏格拉底赤着脚站在冰上，穿着平时的衣服，但他比别的穿了鞋的兵士走得更好，他们都对苏格拉底侧目而视，因为他仿佛是在鄙夷他们呢。[1]

（2）除了战士的荣誉之外，苏格拉底对他的肉体与精神的欲望有惊人的节制力。作为一个武士如果喜欢金钱、美女，他就会沉溺而失去原有的战斗力。他很少饮酒，但当他饮酒时，他能喝得过所有人，从没有人看见他喝醉过。在爱情上，哪怕是在最强烈的诱惑之下，他也始终是"柏拉图式"的，假如柏拉图所说的

[1]　[英]罗素著:《西方哲学史(上卷)》，何兆武、李约瑟译，商务印书馆，1963年，第114页。

话是真的。

《会饮篇》中，柏拉图讲述了一位美少年阿尔西比亚德斯是如何希望赢得苏格拉底的爱情的，他想方设法要和苏格拉底单独相处。但是阿尔西比亚德斯说："从来就没有出现过这种情况，他只愿意用他通常的方式和我交谈，和我待了一整个白天后，他就会离开我，自顾自走了。"[1]

正因为如此，在整个历史上，苏格拉底始终是斯多葛派主要的圣人，要知道斯多葛派理论是罗马武士贵族的当权者们中最流行的学派理论。

苏格拉底所有理论都可以看成希腊传统里贵族武士们忠于职守的理论的发展。

3.观点

（1）苏格拉底也想应对巴门尼德对于概念抽象成稳定与永恒的要求。但他确实无法提出这么深刻的文化概念，他把这一切重新归于神。这可以从一个故事开始说起。

一个名叫凯勒丰的虔信宗教的青年到德尔斐附近的阿波罗神庙去问，这世上是否还有人比苏格拉底更聪明，女祭司回答说没有。苏格拉底认为这个回答的意思是，他之所以是最聪明的，是因为他意识到并且承认自己的无知。苏格拉底就是以这样的态度开始了他对不可动摇的真理与智慧的探求。

他认为当时各行业人士已经背离了自己的职守，因此他要给雅典人重新明确事物的定义，从而不会在前行中迷失。于是他到处与人讨论正义、勇敢、美之类的概念。

我们在柏拉图写的《欧绪弗洛篇》对话中发现了一个很好的

---

[1]　［美］撒穆尔·伊诺克·斯通普夫，［美］詹姆斯·菲泽著：《西方哲学史》，邓晓芒、匡宏等译，北京联合出版公司，2019年，第35页。

例子。对话发生在阿卡翁国王的宫殿前，苏格拉底等在那里想看看是谁指控他不虔敬，这可是一项死罪。年轻的欧绪弗洛赶到那里，向他解释说他想指控自己的父亲不虔敬。苏格拉底带着强烈的讽刺口吻说，有幸碰见欧绪弗洛真是让他不胜欣慰，因为欧绪弗洛指控他父亲的罪名和苏格拉底面临的指控是一样的。苏格拉底语带讥诮地对欧绪弗洛说："不是每个人都能找到充分的理由像你现在这样行事，只有拥有极高智慧的人才能。"一个人只有确切地知道不虔敬是什么意思，才能指控别人犯有这么严重的一宗罪。而指控自己的父亲犯有这项罪行将只能确证指控者知道他在谈论什么。苏格拉底表示对不虔敬的含义一无所知，他要欧绪弗洛解释它的意思，因为欧绪弗洛就是以这个罪名指控他的父亲的。

欧绪弗洛作出了回答，他将虔敬定义为"起诉犯罪的人"，而不虔敬就是不起诉他。苏格拉底对此回答说："我没有要你从无数虔敬的行为中举出一两样来，我是要你告诉我虔敬的概念是什么，正是它使得一切虔敬的行为成为虔敬的。"由于他的第一个定义并不令人满意，欧绪弗洛再次尝试说："凡是令诸神喜悦的就是虔敬的。"但是苏格拉底指出诸神也相互争吵，这表明诸神之间对于什么是更好的和什么是更糟的意见不一。因而，同一个行动可能令一些神感到喜悦却并不令另一些神喜悦。所以欧绪弗洛的第二个定义也不充分。欧绪弗洛试图修正，他提出了一个新的定义：虔敬就是诸神全都喜爱的，而不虔敬就是诸神全都痛恨的。但是苏格拉底说："诸神是因为一个行动是虔敬的而喜爱它，还是因为诸神喜欢这个行动它才是虔敬的？"简而言之，虔敬的本质是什么？欧绪弗洛再次尝试说虔敬乃是："正义的一部分，它与对诸神给予其应得的侍奉有关"。苏格拉底再次问诸神应得的侍奉是怎样的，以迫使欧绪弗洛做出一个更加清晰的定义。这个时候，欧绪弗洛已经陷入了无法摆脱的犹疑不定之中，苏格拉底告诉他，你不能起诉你年迈的父亲，除非你确切地知道什么是虔敬和不虔敬。当苏格拉底迫使他再一次做出一个更清晰的定义时，欧绪弗洛回答说："下次吧，苏格拉底。我现在很忙，我得走了。"[1]

这样，苏格拉底通过让各类人士充分的发言，让他们了解其对定义的认识不足，更进一步唤起他们对自己职守的反思。

（2）在社会的治理上，他也为社会的治理提供了各司其职的理论。

苏格拉底会问这样的问题："如果我想修鞋，我要去找谁呢？"对这个问题，一些坦率的青年就回答说："去找鞋匠啊，苏格拉底。"

苏格拉底又会提到木匠、铜匠等，于是最后便问到这样的问题："谁应该来修理国家这只船呢？"[2]

这些问题的讨论，最终就是为了让大家认可国家应当由专业人士，甚至可以说是贵族来统治。

（3）苏格拉底与其他贵族派哲学家一样，讨论了贵族对死亡应有的态度。

《申辩篇》里他得知自己将要死亡时说："一种预示，预示着我遭遇的事情是件好事，而我们之中认为死是一件坏事的人乃是错误的。"因为死要么就是一场没有梦的睡眠，那显然很好；要么就是灵魂移居到另一个世界里去。而且如果一个人能和奥尔弗斯、缪索斯、赫西阿德、荷马谈话，那他还有什么东西不愿

---

[1] ［美］撒穆尔·伊诺克·斯通普夫［美］詹姆斯·菲泽著：《西方哲学史》，邓晓芒、匡宏等译，北京联合出版公司，2019年，第37—38页。

[2] ［英］罗素著：《西方哲学史（上卷）》，何兆武、李约瑟译，商务印书馆，1963年，第104—105页。

意放弃的呢？[1]

至于他对于自己生命的职守与价值，他认为他当过兵并曾遵照命令坚持他的职守。

现在神命令我履行一个哲学家探讨自己和探讨别人的使命，而现在要放弃他的职守，那就会像在战斗中放弃职守是一样的可耻了。怕死并不就是智慧，因为没有一个人知道死会不会是更好的事。如果以不再继续他以往所做的那种思考为条件而允许他活命的话。如果真是这样的话，那就让我一死再死吧！[2]

死别的时辰已经到了，我们各走各的路吧！我去死，而你们去活。哪一个更好，唯有神才知道了。[3]

（4）苏格拉底的主要关怀是在伦理方面而不是在科学方面。我们已经看到他在《申辩篇》中说过他和物理学的探索是毫无缘分的。[4]

柏拉图最早的一些对话是被公认为最接近于苏格拉底的，这些对话主要是探讨伦理学名词的定义。《沙米底斯篇》是谈论节制和中庸的定义的，《李西斯篇》是谈论友谊的，《拉什斯篇》是谈论勇敢的。所有的这些篇章对话里，都没有得出结论。

这种仅仅对武士贵族们经常讨论的问题进行辩论，而不求结果，表现了下层武士贵族特有的质朴。而不强求对物理学这些

---

[1]　［英］罗素著：《西方哲学史（上卷）》，何兆武、李约瑟译，商务印书馆，1963年，第111—112页。

[2]　［英］罗素著：《西方哲学史（上卷）》，何兆武、李约瑟译，商务印书馆，1963年，第109页。

[3]　［英］罗素著：《西方哲学史（上卷）》，何兆武、李约瑟译，商务印书馆，1963年，第112页。

[4]　［英］罗素著：《西方哲学史（上卷）》，何兆武、李约瑟译，商务印书馆，1963年，第115页。

自然知识的理解，也是其忠于职守的体现。

4.意义

苏格拉底具有贵族武士的高度节制、忠于职守、至死不渝等许多高贵品质。

他在雅典处于危局的情况下，挺身而出，最后用自己的生命捍卫了雅典传统民主制度。我们知道他最后是被雅典法庭处死的，虽然原本他有机会可以屈服做逃兵。

这种英勇的事迹使他成为西方精神世界的圣人之一。从他以后，哲学不再以工商业的经验派的方式为主要方式讨论问题，而是开始承认贵族派、精神派认识世界领域具有独特性。他相当于古代社会学各就其位理论的提出，其实也是一种难能可贵的均衡治国哲学。在这种均衡的框架下，让西方人从此变得专业化，而东方人则一直是多面手。

七、柏拉图之一：思想概略

1.思想来源分析

贵族派的哲学家苏格拉底被平民制度处死以后，有一个年轻的贵族心中满是伤痛与悲愤，决心一定要建立一种能够抑制平民冲动的哲学理论。这个人就是在哲学史上鼎鼎大名的柏拉图。

柏拉图生于公元前427年，这是伯罗奔尼撒战争的最初年代。他是一个生活很优裕的贵族。他幼时接受的教育包括雅典文化在艺术、政治和哲学各方面的丰富内容。他父亲把自己家族的世系追溯到雅典古代的君王们，并继续往上追溯到波塞冬神。他的母亲珀里克提俄涅是查米底斯的姐姐、克里提亚斯的表妹，这两个人都是伯罗奔尼撒战争中随着雅典的衰落而出现的短暂的寡头统治时期的领导者。[1]

柏拉图的出生，决定了他不可能像苏格拉底一样只做一个忠于职守的战士，他所学习的主要是指挥领导的艺术，因此苏格拉底的忠于职守、各安其位在他眼中只是一种服从与英勇的美德。

柏拉图要做的是让人拥有更深层次的思想与美德，即指挥者的思想与美德，这种思想与美德化身成为柏拉图理论中"理念"等各种概念。同时柏拉图用"理念"的概念，满足了巴门尼德对概念永恒性、不可毁灭性的要求。

有时我们甚至可以把柏拉图的思想与美德看成一种作战布局图。在他看来，按照这种布局来执行就可以成就正义、善良等概念。

2.柏拉图哲学可以分几个部分来讨论

（1）理想国，按秩序构建国家的理论首倡者，各就其位的乌托邦的提出。

（2）理念论，这是一种类似把指挥者的决策与思想分给所有士兵的理论。

（3）宇宙起源论，这是理念论在自然界的应用。

（4）道德观与灵魂不朽，这是几乎每个贵族派都要谈到的。

八、柏拉图之二：理想国

1.《理想国》的开篇

《理想国》名义上是要给"正义"下定义。但是开场不久柏拉图就决定，既然是万物从大的方面来看总比从小的方面来看要

---

[1] ［美］撒穆尔·伊诺克·斯通普夫、［美］詹姆斯·菲泽著:《西方哲学史》，邓晓芒、匡宏等译，北京联合出版公司，2019年，第46页。

容易得多，所以最好还是先着手探讨什么是正义的国家，而非什么是正义的个人。而且既然正义必定是可能想象得到的最好的国家的属性之一，所以他就首先描述这样的一个国家，然后再来断定它有哪种完美性是可以称之为"正义"的。

柏拉图首先反驳了色拉叙马霍斯的"正义就是强者的利益"的理论。这是部分下层武士们的心里话，但柏拉图通过接近于诡辩的辩论反驳了它。

柏拉图从他的哥哥格老孔口中说出了工商业人士对正义的理解，理论是这样的，那就先听我来谈谈刚才提出的第一点——正义的本质和起源。

人们说做不正义事是利，遭受不正义是害。遭受不正义所得的害超过干不正义所得的利。所以人们在彼此交往中既尝到过干不正义的甜头，又尝到过遭受不正义的苦头。

两种味道都尝到了之后，那些不能专尝甜头不吃苦头的人，觉得最好大家成立契约，既不要得不正义之惠，也不要吃不正义之亏。打这时候起，他们中间才开始定法律立契约。他们把守法践约叫合法的、正义的。这就是正义的本质与起源。

正义的本质就是最好与最坏的折中，所谓最好，就是干了坏事而不受罚；所谓最坏，就是受了罪而没法报复。[1]

这种理解非常符合现代工商业为主的文明，建立契约和平共处的思想，可以说这种理论是相当超前的。

不过，柏拉图通过苏格拉底之口重新分析了构建社会的职能人士的作用，提出了分工能使大家过得更好的理论。这样，柏拉图通过讲解对所有人都有利的社会正义的实施方案，取代了

---

[1] [古希腊]柏拉图著:《理想国》，郭斌和、张竹明译，商务印书馆，1986年，第46页。

格老孔提出的只为零和博弈论而签订契约维护的正义。其实，这种互助共赢的讲解也可以用在色拉叙马霍斯身上，并且是有效的正道，但他对色拉叙马霍斯使用了智力上的碾压。

2.《理想国》中的几个重要的比喻

柏拉图在《理想国》中用三个比喻来说明各种社会分工及其高下之分。

（1）太阳之喻。

太阳之喻是一个简单的引子，它把善的理念比喻成阳光，认为事物只有分有了善的理念，才能够为人们所清晰认识，

（2）线段之喻。

想象、实物、理智、理念四个由低向高的概念形成一个线段。想象是实物的精神作品。实物是感观看到的东西。理智是一些假定，如偶数与奇数、各种图形、三种角，思想才能"看到"的那些实在。理念是逻各斯本身凭着辩证的力量而达到的那种知识，如苏格拉底讨论的"正义"。柏拉图认为贵族哲学家们应当属于拥有可知世界理念的人；祭司数学家们如毕达哥拉斯学派是拥有可知世界假设知识的人；普通的工商业人士是只拥有实体可见知识的人；而演员、诗人是只拥有影像可见知识的人。这就可以理解柏拉图为什么要在《理想国》中驱逐演员和诗人了。

同样我们通过线段之喻可以理解柏拉图在理想国中人口的划分。哲学家具有理念的知识，理念像黄金一样永恒不变，因此他觉得这些人是掺了黄金的；士兵们为了勇气、荣誉这些东西战斗，而不是拥有理念，他觉得这些人是掺了白银的；普通工商业人士，为了现实中的物品忙碌不休，而现实中的物品是容易腐朽的，因此他觉得这些人是掺入了铜和铁；而诗人和演员所表现

的东西都是更加虚无缥缈的，因此他的理想国中根本不需要。

正是线段之喻，说明了《理想国》之中社会组织结构的核心。不过线段之喻其有部分内容是关于理智、想象上升与下降之类的说法，那简直是让抽象概念在乘电梯，使整个理论不再切实。但贵族们需要这种体现他们优越性的理论，因此这个理论作为《理想国》的组织结构核心理论仍然广为传播。

（3）洞穴之喻。

洞穴之喻的对话内容相当于贵族长者谆谆教诲一位工商业人士。

以下"苏"表示《理想国》中的苏格拉底，"格"表示《理想国》中的另一人物格老孔。

苏：接下来让我们把受过教育的人与没受过教育的人的本质比作下述情形。让我们想象一个洞穴式的地下室，它有一条长长的通道通向外面，可让和洞穴一样宽的一束亮光照进来。有一些人从小就住在这洞穴里，头颈和腿脚都绑着，不能走动也不能转头，只能向前看着洞穴后壁。让我们再想象，在他们背后远处、高处有东西燃烧着发出火光。在火光和这些被囚禁者之间，在洞外上面有一条路。沿着路边已筑有一堵矮墙。矮墙像傀儡戏演员在自己和观众之间设的一道屏障，他们把木偶举到屏障上头去表演。

格：我看见了。

苏：接下来让我们想象有一些人拿着各种器物举过墙头，从墙后面走过，有的还举着用木料、石料或其他材料制作的假人和假兽。而这些过路人，你可以料到有的在说话，有的不说话。

格：你说的是一个奇特的比喻和一些奇特的囚徒。

苏：不，他们是一些和我们一样的人。你且说说，你认为这些囚徒除了火光投射到他们对面洞壁上的阴影，他们还能看到自己的或同伴们的什么呢？

格：如果他们一辈子头颈被限制了不能转动，他们又怎样能看到别的什么呢？

苏：那么后面路上的人举着过去的东西，除了它们的阴影，囚徒们能看到它们别的什么吗？

格：当然不能。

苏：那么，如果囚徒们能彼此交谈，你不认为，他们会断定，他们在讲自己所看到的阴影时是在讲真物本身吗？

格：必定如此。

苏：又如果一个过路人发出声音，引起囚徒对面洞壁的回声，你不认为囚徒们会断定这是他们对面洞壁上移动的阴影发出的吗？

格：他们一定会这样断定的。

苏：他们不会想到，上述事物除阴影之外还有什么别的实在。

格：无疑的。

苏：那么请设想一下，如果他们被解除禁锢，矫正迷误，你认为这时他们会怎样呢？如果真的发生如下的事情，其中有一人被解除了桎梏，被迫突然站了起来，转头环视、走动、抬头看望火光，你认为这时他会怎样呢？他在做这些动作时会感觉痛苦，并且由于眼花缭乱，他无法看见那些他原来只看见其阴影的实物。

如果有人告诉他，说他过去惯常看到的全然是虚假，如今他被扭向了比较真实的器物，接近了实在，所见比较真实了，你认为他听了这话会说些什么呢？

如果再有人把墙头上过去的每一器物指给他看，并且逼他说出那是些什么，你不认为，这时他会不知说什么是好，并且认为他过去所看到的阴影比现在所看到的实物更真实吗？

格：更真实得多呀！

苏：如果他被迫看火光本身，他的眼睛会感到痛苦，他会转身走开，仍旧逃向那些他能够看清而且确实认为比人家所指示的实物还更清楚更实在的影像的。不是吗？

格：会这样的。

苏：再说，如果有人硬拉他走上一条陡峭崎岖的坡道，直到把他拉出洞穴见到了外面的阳光，不让他中途退回去，他会觉得这样被强迫着走很痛苦，并且感到恼火；当他来到阳光下时，他会觉得眼前金星乱蹦，以致无法看见任何一个现在被称为真实的事物的。你不认为会这样吗？

格：噢，的确不是一下子就能看得见的。

苏：因此我认为，要他能在洞穴外面的高处看得见东西，大概需要有一个逐渐习惯的过程。首先大概看阴影是最容易的，其次要数看人和其他东西在水中的倒影容易，再次是看东西本身；经过这些之后他大概会觉得在夜里观察天象和天空本身，看月光和星光，比白天看太阳和阳光容易。

格：当然啰。

苏：这样一来，我认为，他大概终于就能直接观看太阳本身，看见他的真相了，就可以不必通过水中的倒影或影像，或任何其他媒介中显示出的影像看它了，就可以在它本来的地方就其本身看见其本相了。

格：这是一定的。

苏：接着他大概对此已经可以得出结论了：造成四季交替和岁月周期，主宰可见世界一切事物的正是这个太阳，它也就是他们过去通过某种曲折看见的所有那些事物的原因。

格：显然，他大概会接着得出这样的结论。

苏：如果他回想自己当初的穴居、那个时候的智力水平，以及禁锢中的伙伴们，你不认为，他会庆幸自己的这一变迁，而替伙伴们遗憾吗？

格：确实会的。

苏：如果囚徒们之间曾有过某种选举，也有人在其中赢得过尊荣，而那些敏于辨别而且最能记住过往影像的惯常次序，因而最能预言后面还有什么影像会跟上来的人还得到过奖励，你认为这个既已解放了的人会再热衷于这种奖赏吗？对那些受到囚徒们尊重并成了他们领袖的人，他会心怀嫉妒，和他们争夺那里的权力地位吗？或者还是会像荷马所说的那样，他宁愿活在人世上做一个穷人或奴隶受苦受难，也不愿和囚徒们有共同意见，再过他们那种生活呢？

格：我想，他宁愿忍受任何苦楚也不愿再过囚徒生活的。

苏：如果他又回到地穴中坐在他原来的位置上，你认为会怎么样呢？他突然地离开阳光走进地穴，他的眼睛不会因黑暗而变得什么也看不见吗？

格：一定是这样的。

苏：这时他的视力还很模糊，还没来得及习惯于黑暗，再习惯于黑暗所需的时间不会很短。如果有人趁这时就要他和那些始终禁锢在地穴中的人们较量一下"评价影像"，他不会遭到笑话吗？人家不会说他到上面去走了一趟，回来眼睛就坏了，不会说甚至往上去的念头都是不值得的吗？要是把那个打算释放他们并把他们带到上面去的人逮住杀掉是可以的话，他们不会杀掉他吗？

格：他们一定会的。[1]

这个比喻就是著名的洞穴之喻。这个比喻的目的就是说明一般人不能认识的两个世界的存在。而且由于苏格拉底本身就被雅典法庭所杀死，因此这也是在为苏格拉底申辩。

在《理想国》的三个比喻之中，洞穴之喻是最生动的，因此后世流传最广。后世的哲学家往往把洞穴之喻与两个世界的存在的理论，当作读者理所当然应该了解的内容，因此很多人会觉得哲学书艰深晦涩。

抽象世界的认识会给我们生活带来很多不便，对于一般人来说，感性世界和抽象世界是重叠的。但对于世界的创新者来说，新加入抽象世界的概念是需要抽象世界的认可甚至审判的。例如我们过去认为天鹅都是白的，所以我们把天鹅与白色天鹅这两个概念认为是同一的，即一个没有看过天鹅的人也可以说天鹅是白的，并没有问题。但当我们在17世纪发现澳大利亚的黑天鹅之后，那么在抽象概念世界中，就要做出更改，天鹅不能再和白的这个概念等同在一起。

我们个人可能难以察觉，但实际上这是一系列的，所有关于天鹅记载的文化产品的重大更改。这种更改的判定工作由谁来做？这种鸟到底是不是应该算天鹅？这就要由能区分抽象的概念和具体感性概念的人来完成。因此，把感性事物与抽象事物等同在一起的人，往往是看不到文化概念世界庞大性与复杂性的人。

柏拉图会提出洞穴比喻，进而提出他的可见世界与可知世界的区分，这与他的身世与经历是分不开的。

---

[1] ［古希腊］柏拉图著:《理想国》，郭斌和、张竹明译，商务印书馆，1986年，第275—279页。

　　柏拉图是贵族出身，年轻时正处于民主雅典从繁荣昌盛到衰败的转折点。

　　他希望贵族能有用武之地，苏格拉底对于各种职业各司其职的见解深深地吸引了他。但是他的老师苏格拉底居然被雅典公民陪审团处死，让他认识到不同社会职能的人，如贵族与工商业人士之间有不可逾越的鸿沟，简直是生活在两个世界。因此他把自己与苏格拉底归纳到追求可知世界绝对真理的人群之中，而将更多的雅典群众归入只能认识可见世界的人群之中。

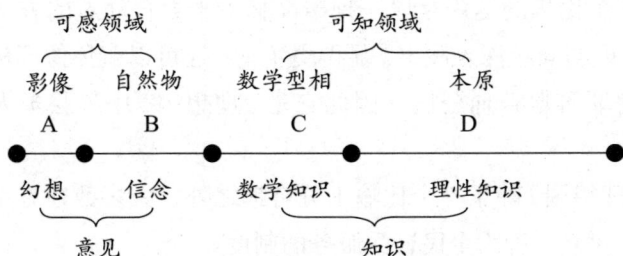

图1　柏拉图的认识层次图

　　在柏拉图之前，巴门尼德与德谟克利特都有把精神理性世界与自然世界分开的做法。巴门尼德把他的教训分成两部分，分别地称作"真理之道"和"意见之道"。

　　德谟克利特以原子论解释认识论问题，认为从事物中不断流溢出来的原子形成了"影像"，而人的感觉和思想就是这种"影像"作用于感官和心灵而产生的。他认为感性认识是认识的初级阶段，人的感官并不能感知一切事物，例如原子和虚空就不能为感官所认识，当感性认识在微小的领域内不能再看、再听、再嗅、再摸的时候，就需要理性认识来帮助，因为理性具有一种更精致的工具。他把感性认识称作"暧昧的认识"，把理性认识称为"真理的认识"。

　　虽然巴门尼德与德谟克利特甚至可能历史上还有其他不为

人知的哲学家早就提出模糊的精神理性世界与自然世界的划分方法，但柏拉图肯定是影响力最大，而且划分最明确的。因为贵族本身就对各种理论边界十分重视，并天生会把边界两边的概念看成对立的。

在柏拉图看来两个世界是有高下之分的，贵族、祭司掌握着理性，而普通工匠只能掌握感性。

不过，他完全把祭司职业放在了一种从属地位，虽然在线段之喻中有理智的地位，但是在四种职业分工中没有祭司职业。

三个比喻的运用是以一种居高临下来教育幼童的方法解说哲学。说明问题深入浅出，显得更生动，还可以避免像苏格拉底一样得罪雅典普通公民，因此它是《理想国》中最脍炙人口的内容。

《理想国》除了三个比喻十分有趣之外，大多数地方是在讨论怎样建立一种为全民皆兵服务的制度。

工匠们、士兵或卫国者的培养都是为了战争，只不过工匠是为战争准备财富，士兵是为了冲锋陷阵，卫国者是为了指挥战争。为了战争获胜，他们必须放弃音乐、诗歌，战利品甚至是亲情。

在柏拉图这样一个贵族眼里，永恒的国度就是永远战无不胜的国度。

正是他如此细心地为贵族们的战争事业着想，不论什么时代，那些向往战争的人都会如饥似渴地阅读他的《理想国》。

3.现实的理想国——古代印度

很多人认为柏拉图的理想国从来没有很好地实施过。但我认为事实上恰恰相反，在古代印度的各个邦，这种制度获得了普遍实行。

在《理想国》一书中，柏拉图借苏格拉底之口，编造了一个故事来教育老百姓。

"我们在故事里将要告诉他们，他们虽然一土所生，彼此都是兄弟，但是老天铸造他们的时候，在有些人的身上加入了黄金，这些人因而是最可宝贵的，是统治者。在辅助者（军人）的身上加入了白银，在农民以及其他技工身上加入了铁和铜。"[1]

在书中，柏拉图为了各阶层的稳定设置了各种各样的附加的限制。

而在古代印度，这些条件天然就有。入侵古代印度的雅利安人带来了外部先进的文化，而且他们的体型高大，就可以天然地成为卫国者和卫兵。而柏拉图的复杂而烦琐的程序毕竟有很多漏洞会产生，从而有可能导致乱伦等严重的社会问题。

英国哲学家罗素把卫国者想象成自成一个阶级的，就像以往的巴拉圭的耶稣会士、1870年以前罗马教廷国的教士。

罗素还是太善良了，他不明白绝对的权力会产生绝对的罪恶。其实那只是在有外部条件制衡的前提下，产生的理想化的团体。

在地理位置偏僻的古代印度，由于没有内、外部势力的制衡，于是，古代印度形成了独有的种姓制度。

婆罗门所著的经典刻意主张将所有的种姓划分成四种职业，这四种职业以婆罗门为首，借由职能与权利的划分规范，构成严谨的阶序。

（1）婆罗门：婆罗门本为祭司，享有许多特权，如不可处罚、不用交税、不可杀害、可领回部分充公遗失物等。

---

[1] ［古希腊］柏拉图著：《理想国》，郭斌和、张竹明译，商务印书馆，1986年，第131页。

（2）刹帝利：刹帝利是战士和统治者，掌握实际的政治与军事权力，但被排除在完整的司祭过程之外，因此不具有宗教上的权力。此外，其负有保护婆罗门之责。

（3）吠舍：吠舍是农人或牧人，任务是生产食物，并提供各种祭品。《瞿昙》规定吠舍可从事农耕、商业、畜牧与放贷的工作。

（4）首陀罗：首陀罗是没有人身自由的奴仆，负责提供各种服务。

在四个职业外，印度的贱民（Dalit，英译 Untouchable），多由罪犯、战俘或是跨种姓婚姻者及其后裔组成。因为他们的身份世代相传，不能受教育、不可穿鞋，也几乎没有社会地位，只被允许从事非常卑贱的工作，例如清洁秽物或丧葬。

贱民被视为不可接触的人，因此四种职业的人严禁触碰到其他贱民的身体，贱民走过的足迹都要清理抚平，甚至连影子都不可以交叠，以免玷污他人。

当把吠舍、首陀罗、贱民合成一个整体来看待时，柏拉图的理想国在印度就得到了充分体现。

有人可能认为柏拉图笔下的卫国者与作为婆罗门的祭司不是一回事。但是谁能保证哲学王不会慢慢生出信仰，事实上从苏格拉底一直到康德，西方的绝大多数哲学家们都有宗教信仰。因此柏拉图的理想国看到了社会分工与社会制衡，却没有想到从分工来进行制衡的理论，而是把制衡寄托于某种职能人士的善良。

事实就是，一种职能人士如果依靠善良来获得尊重、和平等是不可能的。

举个例子：即使是你自己的财产，一块再名贵的手表，当它被制造者宣称不会被破坏时，你也会把它当作玩具一样乱甩乱丢，而不是每天都郑重地保养。

同样一种社会职能人士，如果它的人数多到用之不尽，而又没有发言权时，它一定会被视为最低等的社会职能人士。

4.理想国的今日理论代表——马斯洛

《理想国》中把人分成黄金、白银、青铜这些不同类型，是把祭司与贵族职能人士放置在其他人士之上的一种做法。这种做法不止在古代印度十分盛行，即使在今天依然是国际社会的主流观点。当然这种观点不再是赤裸裸地把人分成高、低不同的种族，而是通过一些所谓科学心理学的暗示完成的。现代美国著名社会心理学家亚伯拉罕·马斯洛的观点就是突出的代表。

马斯洛认为，人类价值体系存在两类不同的需要，一类是沿生物谱系上升方向逐渐变弱的本能或冲动，称为低级需要和生理需要。一类是随生物进化而逐渐显现的潜能或需要，称为高级需要。

人的身上往往潜藏着这五种不同层次的需要，分别是生理需要、安全需要、爱与归属的需要、尊重的需要、自我实现的需要，但在不同的时期表现出来的各种需要的迫切程度是不同的。在高层次的需要充分出现之前，低层次的需要必须得到适当的满足。

当然，如柏拉图受到贵族与祭司们的普遍追随一样，马斯洛因为提出了这种隐蔽性很高，而又符合贵族与祭司们利益的观点而受到了广泛的称赞，被称为第三代心理学的开创者。甚至那些讲经济理论的经济学家们在分析人的心理需要时都会提到马斯洛。

其实马斯洛的心理学层次理论与边际理论是针锋相对的，

如果满足各种需要是具有层级性的，那么每种需要就是有不同的单位。而不同单位的需要在边际理论之中就不能用一种公式来计算需求的递增或者递减。

这样一个简单的原理，那些聪明的经济学家们怎么会想不明白，不过事实的经济理论除了在表面上要代表工商业职能人士，还在深层次上要代表贵族与祭司们的利益，这就是马斯洛理论可以大行其道的真相。

笔者在《幸福经济学》中也提到了一种需求的理论，正是依靠对人类需求的分析，笔者才发现了社会均衡理论的原理。

以体力与精力的补充为中心，人的需求体系分为四种需求，即卫生需求、工具需求、文化需求和精神需求。这个分类与我在《幸福经济学》中的分类一致，但略有改动。

卫生需求是一种捍卫人体生命的需求，包括对穿衣、住房的需求，也包括对保卫自身的武装和医疗卫生、医药的需求。

工具需求是一种指导身体与工具的使用，放大体力、运用自然力的需求，包括对制造机械和工具的需求，也包括对舟船、通讯设备及出行道路的需求。

文化需求是一种对人类本质的了解及对自身身体技能的掌握的需求，以及指导体力与工具的合理使用，主要是各种书籍及各种文化知识的需求。

精神需求是自我精神活动满足的需求，包括对美味、棋、牌等游戏及各种艺术、宗教的需求。

四种需求的分类可以直接联系到人类的职业分类，贵族满足人的卫生需求，工商人士满足工具需求，文化人士满足文化需求，祭司满足精神需求。这四种需求，在人类不同境况时，也是可以相互转化的。

笔者与柏拉图、马斯洛最大的不同，就是认为这四种需求是完全平等的，而且满足它们的职能人士各自有一套认识世界的哲学理论。社会只有让这四种职能人士在各自领域内充分发展，整个社会才能获得持久的幸福与和平。

九、柏拉图之三：理念论

1.理念的定义到底是什么

前面一节，我们在线段之喻与洞穴之喻中大致明白了理念论的内容。在其他地方，柏拉图提到了床的理念，我们所看到的各式各样的床只是它的摹本。但是这里就产生了这样一个问题，是否有多少本质就有多少理念呢？虽然柏拉图并没有肯定存在着土、水，以及其他一些东西的理念，但他在《巴门尼德篇》中指出必定没有淤泥或污物的理念。[1]

不只是实在之物有理念，在《会饮篇》中柏拉图指出我们通常首先在一个特殊的事物或人身上领会到美。但是在这个有限的形态中发现了美之后，我们很快就觉察到一种形态的美和另一种形态的美是类似的，因此我们从一个特殊形体的美转向了美在每种形态中都是同一的这一认识。所有类型的美都具有某种相似性，这一发现使我们不再局限于美的事物，而是由美的有形之物转向美的概念。[2]这种不依赖于个别美的事物而存在的美的概念就是美的理念。应该说理念是一切美好事物的精神范式。

不得不说，这些范式确实对任何时代失去战斗意志的武士贵族们都有很大的吸引力，并从此以文化实现了对武士贵族们

---

[1] ［美］撒穆尔·伊诺克·斯通普夫、［美］詹姆斯·菲泽著：《西方哲学史》，邓晓芒、匡宏等译，北京联合出版公司，2019年，第54页。

[2] ［美］撒穆尔·伊诺克·斯通普夫、［美］詹姆斯·菲泽著：《西方哲学史》，邓晓芒、匡宏等译，北京联合出版公司，2019年，第53页。

暴力倾向的制衡。

2.为什么要提出理念论

柏拉图的理念论回应了巴门尼德对实在永恒性、不可毁灭性的要求。不过，他并不同意巴门尼德认为一切是"一"的观点，也不认同恩培多克勒认为万物是由四种元素组成。柏拉图认为，所有实在之物都是因为分有不可毁灭的理念才为我们所知。而理念就是永恒的一切美好事物的精神范式。

现代哲学家如罗素说柏拉图提出理念是为应对怀疑主义。但普罗泰戈拉所说的"人是万物的尺度"并不是什么怀疑主义，而只是一种强调精神认识重要性的精神派理论。实际上，柏拉图提出理念论是为了系统地保卫传统的概念。

一旦一个美好的概念被提升到永恒、不可毁灭的高度，那么任何对这个概念提出的质疑都会被大众的愤怒淹没。

我们知道贵族派哲学家既不认识自然，也不认识心灵，也不追究文化，他们所做的就是认识世界的秩序、对立与边界。

如果能确立一种永恒、美好事物的概念范式并形成秩序，那么贵族们就有了为之战斗与牺牲的理由，就可以打击当时正在破坏政治均衡的经验派、精神派哲学家。

因此柏拉图把他认识的所有的美好的概念都归入了理念之中，虽然这样可以保卫传统，但是这种理念论也是非常保守的一种理论，以至于他无法在现有理论上做到任何改进。

3.这种理念论保守到何种程度

柏拉图认为获得理念知识的第一方法是根据对过去的回忆。柏拉图还认为我们的灵魂在与我们的身体结合之前，就熟悉了诸理念。[1]

（1）教育实际上乃是一个回忆的过程，这种说法是类似一种神授学说，把原本可以通过推理获得的概念之间的联系，神圣化为一种先天的理论。

（2）通过辩论，按照柏拉图的观点，其实是从辩论中发现古代的传统概念定义。

（3）通过爱的能力。不过柏拉图的爱是放弃世俗经验的爱，是对传统秩序与生活的爱。

这与我们中国传统思想有很大的一致性。谁说想要超越孔子、孟子，那就是大不敬，一定是不可能完成的。

当然这些保守行为都是为了压制和否定新思想，它的积极意义就是让武士贵族们有稳定的效忠目标。

4. 理念论面临的挑战

理念论从一出现便是一种不完善的理论，尽管柏拉图想从各个方面完善它，但还是遭到了各方面的质疑。

《巴门尼德篇》中叙述了巴门尼德、芝诺和苏格拉底的一次有名的讨论。

巴门尼德继续列举了许多难点。

（1）个体是分享全部的理念呢，还仅仅是分享一部分呢？无论是哪一种观点，都可以有反驳的理由。如果是前者，那么一个事物就必须同时存在于许多地方；如果是后者，则理念既然是不可分割的，那么一个具有"小"的一部分的事物就要比"绝对的小"更加小，而这是荒谬的。

（2）当一个个体分享一个理念的时候，个体和理念就是同样

[1] ［美］撒穆尔·伊诺克·斯通普夫、［美］詹姆斯·菲泽著：《西方哲学史》，邓晓芒、匡宏等译，北京联合出版公司，2019年，第55页。

的，所以就必须另有一个既包含这个个体又包含原来的理念的
理念，于是就必须再有一个理念包括这个个体和这两个理念，如
此类推以至无穷。这样，每一个理念就不只是一个，而会变成理
念的一个无穷系列，[1]等等。

柏拉图借苏格拉底之口说没有理念，心灵便没有可以依据
的东西，因此便摧毁了推理过程。巴门尼德告诉他，他的难点来
自缺乏预先的训练，但是始终没有达到任何确切的结论。[2]这也
就是说，柏拉图知道理念论的缺陷，但是如果没有理念论，那么
贵族武士便缺少了战斗的理由，社会便缺少了继续稳定的依据。

理念论真正的问题是它无法从灵感与经验中获得发展，自己
把自己封死在一个永恒坚固的堡垒之中。其实只有为公众服务是
永恒的，而概念包括理念只不过是人们交流的工具。

十、柏拉图之四：宇宙起源论

1.背景

柏拉图作为贵族哲学的代表人物，对自然界的认识理论也
不能是一片空白。但他也明白自己的理论有很大的缺陷，于是他
说自己的理论是"姑妄言之的说法"。

不过，对于大多数的贵族来说，大都是没有文化的赳赳武夫，
有进取心的还忙于争权夺利，能够有一种能代表他们自然界哲学
的理论，在后世自然是被贵族职能人士奉为经典的。

柏拉图的宇宙生成论主要记载在他的《蒂迈欧篇》里，在

---

[1] ［英］罗素著：《西方哲学史（上卷）》，何兆武、李约瑟译，商务印
书馆，1963年，第162页。

[2] ［英］罗素著：《西方哲学史（上卷）》，何兆武、李约瑟译，商务印
书馆，1963年，第163页。

早期各篇对话中苏格拉底所占的那个地位，在《蒂迈欧篇》里已被一个毕达哥拉斯主义者蒂迈欧所代替了；毕达哥拉斯学派的学说包括以数解释世界的观点在内，大体上也被柏拉图所采用了。[1]

之所以使用毕达哥拉斯派的理论，是因为数学理论不但精神派哲学家在用，经验派与普通人也对数学的逻辑性十分信服。

如果对自己的理论不够自信，又想在哲学各流派中保留一席之地，就需要这种具有说服力而普通人又似懂非懂的前沿理论，这就有点像现代的民间学者都喜欢谈一谈量子力学，表现自己处在科学研究的前沿。

2.观点

（1）现行的自然秩序和规则都是神授的、不容改变的。

柏拉图说："神愿望一切事物都应该是尽可能地好，而没有坏。"

"看到了整个的可见界并不是静止的，而是处于一种不规则和无秩序的运动之中，于是神就从无秩序之中造出秩序来。"[2]当然他也对这种认识做了一些论证。

蒂迈欧说物质世界的真正元素并不是土、气、火和水，而是两种直角三角形：一种是正方形之半，一种是等边三角形之半。最初一切都是混乱的，而且各种元素有着不同的地位，后来它们才被安排好，从而形成了宇宙。但是当时神是以形和数来塑造它

[1]　[英]罗素著:《西方哲学史（上卷）》,何兆武、李约瑟译,商务印书馆,1963年,第182页。

[2]　[英]罗素著:《西方哲学史（上卷）》,何兆武、李约瑟译,商务印书馆,1963年,第182页。

们的，并且从不美不善的事物中把它们创造得尽善尽美。上述的两种三角形，据他说乃是最美的形式，因此神就用它们来构成物质。[1]

接下来，他举了很多数学理论与现实世界具有对应关系的例子，像一个毕达哥拉斯派的学者一样把这种关系看成神圣的上天安排的。

把现行的秩序和规则看成神授而来，武士贵族们喜欢安安稳稳，坐地收税。当然，在雅典当时工商业人士一枝独秀的情况下，柏拉图提出的神授秩序和规则的理论是有利于社会稳定的。

（2）时间起源的解释。

蒂迈欧说当创造主和父看到被他所创造的生物，亦即被创造出来的永恒的神的影像，在运动着、在生活着的时候，他感到喜悦。[2]

永恒本身则在此以前，既没有日也没有夜。关于永恒的本质，我们绝不能说它过去存在或者将来存在，唯有说它现在存在才是正确的。但这就蕴含着运动着的永恒的影像过去存在而且将来存在的这种说法乃是正确的。[3]

为什么我们如此重视时间起源的解释？因为时间是哲学中最重要的范畴之一，感性概念中原本没有时间的说法，正因为运动才让我们感觉到时间。从这一点上来说柏拉图是完全正确的。

---

[1] ［英］罗素著:《西方哲学史（上卷）》，何兆武、李约瑟译，商务印书馆，1963年，第186—187页。

[2] ［英］罗素著:《西方哲学史（上卷）》，何兆武、李约瑟译，商务印书馆，1963年，第183页。

[3] ［英］罗素著:《西方哲学史（上卷）》，何兆武、李约瑟译，商务印书馆，1963年，第184页。

（3）轮回学说。

柏拉图认为神用所有的元素创造了世界，除了世界作为一个整体而外，还有四种动物，即神、鸟、鱼和陆上的动物。[1]

一个人如果一生善良，死后他就到他的那颗星星里面永远幸福地生活下去。但是如果他一生作恶，他就会在来生变成女人，如果他（她）继续作恶，他（她）就会变成畜生。[2]

这种轮回学说并非来源于柏拉图，柏拉图把它引入自己的哲学之中，成为神圣秩序的一部分，是有原因的。在现实中，工商业人士正占据社会的主流，他无法在现实中惩罚他们，轮回学说等于是给他那些不守秩序的对手们建立了一个可能存在的地狱。但他说时间是永恒的影像，那么按他的语法，理念的影像应该是可以经验感知的事物。他就把时间看成一种实在的事物，但时间事实上是一种抽象的概念。

十一、柏拉图之五：道德观与灵魂不朽

1. 柏拉图的道德观

在对道德的探讨中，柏拉图会说，当一把刀能够有效地切割东西时，就是说当它实现了自己的功能时，它就是好的。当医生们实现了诊治的功能时，我们就说他们是好的。同样，当音乐家们实现了其艺术功能时，他们是好的。柏拉图接着问灵魂是否具有一种其他任何东西都完成不了的功能呢？[3]

---

[1]［英］罗素著:《西方哲学史（上卷）》，何兆武、李约瑟译，商务印书馆，1963年，第184页。

[2]［英］罗素著:《西方哲学史（上卷）》，何兆武、李约瑟译，商务印书馆，1963年，第185页。

[3]［美］撒穆尔·伊诺克·斯通普夫[美]詹姆斯·菲泽著:《西方哲学史》，邓晓芒、匡宏等译，北京联合出版公司，2019年，第60页。

他说灵魂实现了四种功能，就具有了四种道德。

（1）节制之德：避免纵欲，这样它们就不会侵占灵魂其他部分的位置。

（2）勇敢之德：避免鲁莽的或冒失的行动，而成为在进攻和防御行动中的一种值得信赖的力量。

（3）智慧之德：理性保持在没有被欲望的急流所烦扰的状态下，看到真实的诸理念。

（4）正义之德：灵魂的每个部分都实现了其真正的功能。

这是种道德，归纳起来就是守传统秩序，避免做传统秩序之外的事。不管是节制、勇敢或者智慧都是传统秩序定义的行动标准，而肯定不是当时德谟克利特所宣传的那种对快乐生活的追求。

节制是武士们对于欲望的控制，勇敢是传统武士的攻守有道，智慧是传统贵族指挥官的贤明果敢，正义是哲学家们让社会的每一个人各司其职。

从这里我们就可以知道，苏格拉底为什么总是把德性与知识、恶行与无知分别画上等号。苏格拉底所说的无知，并不是我们不知道自己一件事做错了，而是我们对于传统秩序的无知。

如果我们对传统秩序有认识，就不会把一件错的事情当成对自己有利的事情来做。

2. 柏拉图的灵魂不朽

柏拉图在《斐多篇》所描写的面临死亡的苏格拉底，无论在古代的还是近代的伦理上都是重要的。较早的一篇对话《克利陀篇》述说了苏格拉底的一些友人和弟子们曾怎样安排好一个计划，使他能够逃到特萨里去。但苏格拉底为了维护雅典的传统秩序，坚持留在雅典赴死。

（1）为什么苏格拉底要慷慨赴死？

苏格拉底设想他自己和雅典的法律进行一场对话，在这场对话里，雅典的法律指出他应该对雅典法律怀有比儿子对于父亲或者奴隶对于主人更大的尊敬，而每一个雅典公民如果不喜欢雅典，是可以自由迁移出境的。雅典的法律以下列的话结束其长篇的讲演：苏格拉底，你听听我们这些把你养大成人的人们的话吧。不要先想到自己的生命和孩子，然后才想到正义；应该先想到正义，这样你在九泉之下的君主面前才能证明你自己正直。因为你若是做出了克利陀所劝你的话，那么无论是你，还是你的亲人，在这一生都不会再幸福、再圣洁或者再正直，也不会在来生幸福。现在你要是能清白无辜地离去，那么你就是一个受难者而不是一个作恶者；你就不是一个在法律之下的牺牲者，而是众人之下的牺牲者。但是如果你要以怨报怨、以仇报仇，破坏了你和我们所订的契约和协定，并且伤害了你本来最不应该伤害的人，那就是说，伤害了你自己、你的朋友和你的国家，那么只要你在世一天，我们就要怀恨你一天，而且我们的兄弟们，即阴世的法律也要把你当作敌人来对待，因为他们将会知道你已经尽了你的力量来毁灭我们了。[1]

对于这样一段话，很多工商业的人都是难以理解的，生意做不成了，解除契约即可，但我们如果换个职业来思考，对于一个战士来说，他是不可以在自己的职位上解除契约的。

《斐多篇》中的这些内容，后来成了殉道者履行契约的经典学说。基督教的学说中，人与上帝有契约关系。圣保罗和教父们

---

[1]　［英］罗素著:《西方哲学史（上卷）》，何兆武、李约瑟译，商务印书馆，1963年，第168—169页。

的神学，大部分都是直接或间接从这里面得来的，如果忽略了柏拉图，他们的神学就差不多是不能理解的了。

（2）西比斯对于死后灵魂的永存表示怀疑，并且要苏格拉底提出证据来，于是苏格拉底进行了论证。

第一个论证是万物都具有对立面，万物都是由它们的对立面产生出来的。[1]第二个论证是知识就是回忆，所以灵魂必定是在生前就已经存在的。[2]灵魂是看不见的，因此灵魂应该划归为永恒的。最后他还描述了人死以后灵魂的命运：善者升天，恶者入地狱，中间的则入炼狱。[3]一些人会说这些论证是非常拙劣的。但如果考虑到柏拉图的立场，那么这一切论证又是非常合理的。

首先，苏格拉底是一个贵族武士，他的存在就是为了保卫现存的制度。他一定对这个制度的对立面看得非常清楚，而且正因为有对立，才有武士贵族存在的必要。这样你就可以理解为什么他认为万物都是由他的对立面产生的，至少武士贵族是因为有对立面而产生的。

其次，至于灵魂的永恒，知识就是回忆，这些都是柏拉图强调理念与秩序永恒性的一贯说法。所以柏拉图从这个角度论证灵魂的永存也是必然的。

最后，认为善者升天，恶者入地狱，这是柏拉图在为那些故意从不公正的角度迫害苏格拉底的工商业人士构建的一个因果地狱，从大众喜闻乐见的因果理论来说明问题永远都不会让人

[1] ［英］罗素著:《西方哲学史（上卷）》，何兆武、李约瑟译，商务印书馆，1963年，第175页。

[2] ［英］罗素著:《西方哲学史（上卷）》，何兆武、李约瑟译，商务印书馆，1963年，第175页。

[3] ［英］罗素著:《西方哲学史（上卷）》，何兆武、李约瑟译，商务印书馆，1963年，第180页。

反感。

3.影响

柏拉图不像某些前人那样，他在思维上是不再完全从经验的观点出发，而是一心一意要证明宇宙是符合他的伦理标准的。这是维护当前秩序的贵族哲学的开始，后来的霍布斯、黑格尔这些贵族派大哲学家都是以社会的伦理需要为出发点。

罗素认为这是对于真理的背叛，而且是最恶劣的哲学罪恶。作为一个人来说，我们可以相信他有资格上通于圣者，但是作为一个哲学家来说，他可就需要长时期住在科学的炼狱里面了。[1]看到这种论调，我仿佛又看到了雅典各行业人士要处死苏格拉底的那种激情与血腥。

但实际上我们对于贵族派的理论应该保持更大的宽容，就像我们成年人对待儿童们在童话中的行事规则一样。

事实上，贵族派的哲学家都是产生于社会秩序即将混乱之际，这时甚至社会中的武力掌握者们也不再能安分守己。唯有这个时候，他们的理论才会受到重视，如果能使武士贵族们保持职业操守，就有可能在哲学史上留下一席之地，只要各种职能人士的哲学家都有发言权，那么即使贵族派哲学会产生不利的影响，也会在相互辩论中逐渐消失。

4.意义

柏拉图实现了将苏格拉底贵族派哲学系统化的目标，并且用理论在一定范围内满足了巴门尼德对概念的永恒性、不可毁灭性的要求。虽然他的理论实践性不强，却使贵族派拥有了自我约束的理论体系。

---

[1] ［英］罗素著:《西方哲学史（上卷）》，何兆武、李约瑟译，商务印书馆，1963年，第181页。

十二、亚里士多德之一：逻辑学

1.背景

在文化时代上半场哲学思想大交锋中，经验派的德谟克利特和恩培多克勒对于巴门尼德的回应最为充分。他们的原子与元素的理论一直使用至今，奠定了物理与化学概念的基础。精神派阿那克萨戈拉抽象出了心灵概念，普罗泰戈拉维护公民们的平等发言权，稳稳地当上了雅典自由言论的导师，他们的观点为进一步的精神讨论提供了概念的基础。而苏格拉底强调过去秩序的维护，柏拉图把已有的概念看成不变的理念，甚至提出了哲学王这种文化强人统治的理论，以维护文化时代的长久繁荣。

他们都是文化时代的标志性人物，都或多或少地回应了巴门尼德的质疑，完善了概念的永恒性、不可毁灭性。

但是为什么大家会对同样的世界得出如此不同的认识呢？文化派又来了一位古代思想界难以超越的高人，他就是亚里士多德。他轻描淡写地说，这是对概念的定义与逻辑运用出现了问题，然后轻松地拿出了诸多著作。要知道现在的教授就算有计算机辅助，写一本著作也难，而当时的人都没有合用的纸和笔。

他眼中的真理就是概念符合事实，再用逻辑来推导概念之间的关系，这样得出的结论也同样符合事实。

通过这种方法，亚里士多德几乎对所有过去的认识都进行了概念的校正、逻辑的检验。

亚里士多德通过这种批判，建立了一套在当时行之有效的庞大体系，这个体系几乎包括当时所有已知的知识领域。

2.范畴与三段论

亚里士多德认为，要想讨论某一概念与其他概念的确切联系，就必须确定概念讨论的所属分类。

在亚里士多德看来，范畴代表了对科学知识所使用的概念进行的分类。它们代表了任何存在的东西存在或被认识到的特定方式。我们在思考时按这些范畴对事物加以整理，把这些范畴分为属（genera）、种（species）和个体事物。亚里士多德的逻辑学还原了我们认识的路径。

我们认识事物的路径就是，首先我们认识个别事物的个别属性，然后发现个别属性的重复出现，进而把重复出现个别属性的事物归纳成"类"。

当我们具有经过反复论证有效的"类"的知识之后，我们就把"类"的知识作为文化直接传授给后来者。当我们的后来者讨论"类"的知识的特殊个别例子时，我们只要举出个别例子所属的"类"，就可以直接判定个别例子具有"类"的属性。而不再需要观察与讨论，只须用逻辑来论证即可。

亚里士多德提出的逻辑系统是以三段论为基础的，三段论的一个经典的例子是：

大前提：所有人都是要死的。小前提：苏格拉底是人。结论：苏格拉底是要死的。

在这个例子中，"所有人都是要死的"，是具有经过反复论证有效的"类"的知识；"苏格拉底是人"，是讨论"类"的知识的特殊个别例子；"苏格拉底是要死的"，是判定个别例子具有"类"的属性。

3.正确的推理方式

亚里士多德区分了三种推理，每一种都可以运用三段论的工具，但是却得出了不同的结果。这三种推理是：第一，辩证的推理，它从"被普遍接受的意见"出发进行推理；第二，诡辩的推理，它从看起来像被普遍接受的，但实际并非如此的意见出发；第三，亚里士多德称之为演证的推理，其中推理由之开始的前提是真的、初始的。[1]

演证推理因此必须抓住可靠的前提，亚里士多德又称之为第一原理（archai），即任一事物、种类或者一个主题之任何特定领域的被精确定义的性质。亚里士多德认为，科学建基于初始前提，我们通过理智直观（nous），或者说心灵，达到它们。例如：我们认识到2加2等于4时的情况。一旦把握了这些初始的前提和事物根本性质的定义，我们接下去就能够进行演证的推理。很明显，亚里士多德把演证的推理看成科学的推理，辩证的推理看成经验的推理，诡辩的推理看成错误的推理。

4.意义

后世很多人因为认为三段论不能够获得新的知识而事实确实如此，不过它可以检查已有概念的定义是否准确，与其他概念的关系是否正确，这一点已经非常了不起了。

这也就是我们前面所讲，各个哲学流派所代表、所掌握的知识都不够系统。而逻辑学和三段论来判断现有知识的所属"类"，多层的"类"的归属的叠加就可以形成认识系统，这是一个前所未有的认识进步。

我们现存的概念表达的事实如此有效，都是因为亚里士多德及其后继者用逻辑学和形而上学将过去的主要概念已进行了初步的探讨。

---

[1] ［美］撒穆尔·伊诺克·斯通普夫 ［美］詹姆斯·菲泽著：《西方哲学史》，邓晓芒、匡宏等译，北京联合出版公司，2019年，第77—78页。

十三、亚里士多德之二：形而上学

1. 形而上学的来源

很多读者可能通读过西方哲学史，但只有极少的读者通读过《形而上学》。

形而上学可以说是理论知识体系上的皇冠。

亚里士多德在《形而上学》中阐发了一种他称之为第一哲学的科学，并认为它讨论的是被最恰当不过地称作智慧的知识。

在我看来，形而上学提供了一种知识框架的哲学系统，这种认识框架并不是独一无二的，国内有很多民间哲学家都有自己的认识框架，当然，亚里士多德的认识框架总体来说是符合常识，符合逻辑的推理和演证的推理的。

各门科学力求发现特定种类的事物的第一原则和原因，诸如物体、人体、国家、诗等，不同于具体的科学追问"如此这般的某事物是什么，以及它为什么是这样"。

亚里士多德在《形而上学》中所考虑的就是这个问题，这使得形而上学对他而言成为"研究存在者（existent）之为存在者的一门科学"[1]。有了这门学科以后，其他学科就因为这门学科而有存在的理论基础。

亚里士多德的形而上学研究的内容很丰富，例如"关于原因认识的探究及其起源""实事之所以为实事""质料与形式""潜能与现实"这些内容都是常用的、最抽象的知识点的解释，并且用逻辑把他们联系在一起。

这些最抽象的词语就是点，用逻辑和分析把它们联系在一起就形成了一个框架，在框架内辨析他们的使用，就形成了《形

---

[1]　［美］撒穆尔·伊诺克·斯通普夫 ［美］詹姆斯·菲泽著：《西方哲学史》，邓晓芒、匡宏等译，北京联合出版公司，2019年，第79页。

而上学》这本书。

2.形而上学的主要内容

亚里士多德把对事物原因的认识总结为"四因"说。

形式因，一个事物被我们称为其名的原因；质料因，一个事物构成的质地，实际是一种秩序，例如说铁球实际上是说所有的铁分子都以晶体的次序排列；动力因，一个事物受力形成的原因；目的因，它是为了什么"目的"而构成的。

3.研究具有事物本质的实体

形而上学的核心问题是对实体，即一个事物特征性质的研究。从这个角度看，实体就是"不陈述一个主体，而其他一切东西都陈述它的东西"。实体来源于巴门尼德对不可毁灭性概念的抽象，因此实体本身就是事物的抽象特征，而实体具有的本质就是事物区分于其他事物的形式和原因。

4.研究质料和形式

亚里士多德认为不存在任何没有质料的形式，就如一张床，它总要有质料来构成，要么是铁的，要么是木头的，要么是石头的等，不可能存在没有质料的床。

5.研究潜能与现实

潜能一词直接导致了以后能量一词的产生。

亚里士多德说，一切事物都处于一个变化过程之中。每个事物都有一种力量，使它要成为它的形式已经设定为其目的的东西。例如说种子可以产生让植物生长的能量，如果我们吃了种子做的食物，就引走了这种能量，或者说是这种能量成了我们的生物能。

6.研究不被推动的推动者

亚里士多德关于不被推动的推动者的观点认为，自然界充满了努力实现它们的特定目的的事物。每一事物都想要完善地实现自身的可能性和目的，它指引着变化的方向朝向一个确定的、恰当的目的、最终的目的。

7.形而上学的小结

研究具有事物本质的实体，是在研究形式因；研究质料和形式，是在研究质料因；研究潜能与现实，是在研究动力因；研究不被推动的推动者，是在研究目的因。

因而可以说，形而上学是以研究四因为主线的，其间穿插着一些知识点的解释与辨析。

依照笔者的观点，动力因是经验派哲学着重研究的方向，因为研究自然要以研究自然能量为基础，目的因是精神派哲学着重研究的方向，研究人的精神以研究人的目的为基础；质料因是贵族派哲学着重研究的方向，研究质地就是研究内在的秩序；形式因是文化派哲学着重研究的方向，研究形式就是研究概念特征。

我的四种职业划分与四因看来还是具有内在的和谐性。

西方国家因为有形而上学的辨析，西方概念的形式与经验达成了基本的吻合，所以语言非常缜密，而大部分东方国家的书面语言都难以作为合同语言在国际上通行。

十四、亚里士多德之三：伦理学

1.伦理学与目的因

亚里士多德在《尼各马可伦理学》开篇即说："一切技术、一切研究，以及一切实践和选择，都以某种善为目标。"[1]也就是

---

[1] ［美］撒穆尔·伊诺克·斯通普夫,［美］詹姆斯·菲泽著:《西方哲学史》,邓晓芒、匡宏等译,北京联合出版公司,2019年,第87页。

说，伦理学应该是一种研究目的因的学说。

亚里士多德把目的分为两种。

工具性目的：其行动是作为达到其他目的的手段，内在目的：其行动以自身为目的。

这里工具性目的可以看成是一种比较低层次的工匠们的伦理目标，而内在性目的可以看成是一种较高层次的精神需求伦理目标。

亚里士多德举了一个例子，在一场战争中，木匠建设兵营，完成之后就实现了工具性目的，但这只是战争目标的一个小的部分。指挥官取得胜利获得和平才是最终的内在目的。

2.功能与目的

亚里士多德认为，只有人实现了自己独特的功能，才能达到自己的目的。亚里士多德分析了人的本性。首先，人的目的不仅仅是生存，因为很显然连植物都会这样，而亚里士多德说："我们想要知道的是人类特有的东西。其次，人类还有着能进行感觉的生命，但是很明显马、牛及任何动物也一样有。"现在就只剩下了"属于某个要素的一种主动的生命，这个要素具有一个理性的原则"。他进一步主张说："如果人的功能就是灵魂的活动，这种活动遵循着或意味着一个理性的原则，那么人类的善当然就是与德性相一致的灵魂活动。"[1]

柏拉图的善是各尽其职，亚里士多德分析的善就是理性思考，实现了理性认识的功能就是实现了作为人的善。

亚里士多德对于人的功能的认识，是文化派哲学家基于文化概念定义与逻辑的认识，他的理性活动就是对概念进行逻辑思辨，这样就达到了他认为灵魂的善。而工具性目的，也就是工

---

[1] ［美］撒穆尔·伊诺克·斯通普夫［美］詹姆斯·菲泽著：《西方哲学史》，邓晓芒、匡宏等译，北京联合出版公司，2019年，第89页。

匠们的目的只是一种手段。

事实上，我们之所以选择愉悦、财富和荣誉就是因为我们认为"以它们为手段可以获得幸福"[1]。

理性灵魂的生活就在于沉思，这是人的完满的幸福，尽管并不能完全达到。

亚里士多德说："如果与人比较起来理性乃是神圣的，那么与人的生活比较起来符合于理性的生活也就是神圣的。但是我们绝不能听从有些人的话，那些人劝告我们说我们既是人，就该去想人的事情，既然有死就该去想有朽的事物。我们应当是尽我们的力量使自己不朽，尽最大的努力依照我们生命中最美好的东西而生活，因为即使它在数量上很小，但是它在力量上和价值上却远远超过了一切事物。"[2]

在这里，亚里士多德把理性的沉思与神圣的生活统一在一起，从而阐明了他作为一个文化派哲学家对于生活的认识。

3.亚里士多德的中庸之道

亚里士多德伦理学的很多部分是抽象和难以理解的，但他易于理解与实施的是他有名的中庸之道的学说。他认为每种德行都是两个极端之间的中道，而每个极端都是一种罪恶。这一点可以由考察各种不同的德行而得到证明。勇敢是懦怯与鲁莽之间的中道，磊落是放浪与猥琐之间的中道，不亢不卑是虚荣与卑贱之间的中道，机智是滑稽与粗鄙之间的中道，谦逊是羞涩与无

[1] ［美］撒穆尔·伊诺克·斯通普夫、［美］詹姆斯·菲泽著:《西方哲学史》，邓晓芒、匡宏等译，北京联合出版公司，2019年，第89—90页。

[2] ［英］罗素著:《西方哲学史(上卷)》，何兆武、李约瑟译，商务印书馆，1963年，第219页。

耻之间的中道。[1]

我们可以从这里看出亚里士多德和柏拉图伦理学的不同之处。柏拉图认为的勇敢是一种对秩序的认知，避免鲁莽的或冒失的行动。亚里士多德的勇敢是对现有概念的思辨，把现有概念的怯懦与鲁莽进行思辨获得勇敢的概念。应该说亚里士多德对"勇敢"的认识是符合已知定义的，而柏拉图对"勇敢"的认识是符合一个指挥官给战士下达战斗要求时的"勇敢"，必须按规矩执行。

因此亚里士多德对于符合德行的行动要求是审慎的，而柏拉图对于符合德行的行动要求是坚决的。

十五、亚里士多德之四：政治学

1. 目的与秩序

亚里士多德在《政治学》（*Politics*）中就像在《伦理学》（*Ethics*）中一样强调目的这一要素。

他认为，家庭的存在主要是为了延续生命，国家的出现起初是为了延续家庭和村社的生命，家庭和村社从长远来看是不能光靠自身存在下去的。但是国家的功能还在于确保人民的最高利益，即我们的道德的和理智的生活。[2]

亚里士多德的意思是要实现国家的功能，要有适当的秩序与制度。而重视道德与理智，则是秩序与制度实施的目标。

他嘲笑柏拉图废除保卫者阶层的家庭并把他们的后代交由

---

[1] ［英］罗素著：《西方哲学史（上卷）》，何兆武、李约瑟译，商务印书馆，1963年，第222页。

[2] ［美］撒穆尔·伊诺克·斯通普夫〔美］詹姆斯·菲泽著：《西方哲学史》，邓晓芒、匡宏等译，北京联合出版公司，2019年，第92页。

公共抚养的主张，因为那样会让人们失去道德。

在亚里士多德看来，如果采取这种主张，那么所谓的父亲就没有任何理由照顾儿子，儿子也没有任何理由照顾父亲，兄弟之间也是如此。

2.制度

有三种政府是好的，即君主制、贵族制和共和制；有三种政府是坏的，即僭主制、寡头制和民主制。还有许多种混合的中间形式。[1]

当一个政府的目的在于整个集体的好处时，它就是一个好政府；当它只顾及自身时，它就是一个坏政府。

最大的罪行乃是由于过多而不是由于匮乏，没有一个人是因为要躲避冻馁才变成一个暴君的，因此培养能够为整个集体着想的当权者是重要的。[2]

亚里士多德说民主制产生于一种信念，即同等自由的人们应当在一切方面都是平等的；而寡头制则产生于一种事实，即在某些方面优异的人要求得过多。两者都有一种正义，但都不是最好的一种。最好的分配方式是按比例的平等并且使每一个人都享受自己的所有。[3]那这个比例是怎样划分的呢？其实，就是按法律规定划分的即是平等的比例。因此，防止革命所必须的三件事情就是政府的宣传教育，尊重法律，哪怕是在最小的事情上，以及法律上与行政上的正义。

---

[1]［英］罗素著：《西方哲学史（上卷）》，何兆武、李约瑟译，商务印书馆，1963年，第242页。

[2]［英］罗素著：《西方哲学史（上卷）》，何兆武、李约瑟译，商务印书馆，1963年，第242页。

[3]［英］罗素著：《西方哲学史（上卷）》，何兆武、李约瑟译，商务印书馆，1963年，第244页。

看到法律的重要意义，亚里士多德把立法的议事、司法的审判与行政权力划分开来，这样可以减少行政者对于立法和审判的影响。这就是关于政体三要素(议事、行政、审判)的论述，在思想史上首次提出了国家权力的分立问题。

现代法律也是按照各种比例来分配人们享有的权利，比如说每个人不论贫富，都有平等服兵役的权利，而纳税的权利却不是完全平等的，而是按一种比例来缴纳。

政体的权利也按照职能进行了分配，现在的议事权利主要交给了参议院的贵族和众议院的工商业精英，审判权力交给了文化人士，行政权力交给了精神引导者。

把国家的最终希望寄托在法律身上，体现了他作为一个文化职能人士的身份特征。但非常不幸，一个国家如果只靠法律支柱是难以支撑的，后面我们就会谈到作为理论体系独立存在的贵族派理论体系与精神派理论体系。但请注意，理论体系与理论是截然不同的两个概念。

3.著名言论

亚里士多德几乎收集了当时希腊所有城邦的政治制度，并把这些制度做了整理与比较。亚里士多德在书里阐述过的一些话被广为流传：很明显，国家是自然的产物，而人则天生就是政治的动物。一个不能生活在社会中的人，或者一个由于自足而无需他人的人，要么是头野兽，要么是个神。他关于僭主制有一章节是非常有趣的。亚里士多德以一种讥讽的、马基雅维利式的语调阐述了一个僭主要想保持权力时，必须做些什么事情：一个僭主必须防止任何一个有特殊才干的人脱颖而出，必要时得采用死刑与暗杀。他必须禁止公共会餐、聚会，以及任何可以产生敌对感情的教育。绝不许有文艺集会或讨论。他必须防止人民彼此很好地互相了解，必须强迫人民在他的城门前过着公共的生活。他应该雇用像叙拉古女侦探那类的暗探。他必须散播纠纷并使他的臣民穷困。他应该使人民不断从事巨大的工程，如埃及国王建造金字塔的那种做法。他也应该授权给女人和奴隶，使他们也都成为告密者。他应该制造战争，为的是使他的臣民永远有事要做，并且永远需要有一个领袖。[1]

十六、亚里士多德之五：物理学

1.牛顿运动定理的来源

在亚里士多德的著作里，物理学（physics）这个字乃是关于希腊人所称为"phusis"或者"physis"的科学；这个字被人译为"自然"，但是并不等于我们所说的"自然"的意思。[2]

对比一下，我们说的自然是自然界，大至宇宙，小至基本粒子，包括物质世界及物质宇宙。

亚里士多德说一件事物的"自然""性质"就是它的目的，它就是为了这个目的而存在的。因而这个字具有一种目的论的含义。有些事物是自然存在的，有些事物则是由别的原因而存在的。动物、植物和单纯的物体（元素）是自然存在的，它们具有一种内在的运动原则。[3]

亚里士多德首先提出了"运动定律"，认为运动物体的速度和通过介质时受到的阻力成正比。

---

[1]　[英]罗素著:《西方哲学史（上卷）》，何兆武、李约瑟译，商务印书馆，1963年，第245页。

[2]　[英]罗素著:《西方哲学史（上卷）》，何兆武、李约瑟译，商务印书馆，1963年，第262页。

[3]　[英]罗素著:《西方哲学史（上卷）》，何兆武、李约瑟译，商务印书馆，1963年，第262—263页。

再说一说牛顿。

牛顿第一运动定律常见的表述是任何物体都要保持匀速直线运动或静止状态，直到外力迫使它改变运动状态为止。

牛顿第二运动定律的常见表述是物体加速度的大小跟作用力成正比，跟物体的质量成反比，且与物体质量的倒数成正比，加速度的方向跟作用力的方向相同。

牛顿第三运动定律的常见表述是相互作用的两个物体之间的作用力和反作用力总是大小相等，方向相反，作用在同一条直线上。

我们会发现，牛顿的运动定理实际上是在试图解释亚里士多德的自然内在运动与静止原则，而且其在形式上有一定的相似性。

当然自然存在着理性与和谐的比例的思想，来源于精神派哲学家阿那克萨戈拉与毕达哥拉斯。但亚里士多德给他们找到了与自然基本合适的概念，并用逻辑的方法把它根植于自己的理论体系之上，从而给科学的大厦奠定了概念的基础。

2.亚里士多德的时空观

（1）观点。

亚里士多德反对留基波和德谟克利特所主张的真空。

对于时间，亚里士多德说时间是可以计数的运动。

他认为运动一直是存在着的，并且将永远存在，因为没有运动就不能有时间，并且除了柏拉图而外，所有的人都同意时间不是被创造的。[1]

---

[1] ［英］罗素著：《西方哲学史（上卷）》，何兆武、李约瑟译，商务印书馆，1963年，第264页。

（2）辨析。

亚里士多德之所以反对存在着真空，是源于巴门尼德对存在永恒性、不可毁灭性的思考。

从现在的观点也可以很明确地认识到，如果存在着真正的真空，那么附近的物质一定会向真空散逸，以宇宙悠久的寿命来看，不可能到现在还存在着我们可以感知到的真正的真空。

我们可以从现在时间的计时器——时钟来考虑时间的概念。

故事是这样的：一次，伽利略到比萨大教堂做礼拜，悬挂在教堂半空的一盏吊灯被门洞里刮来的风吹得来回摆动，这引起了他的注意。奇怪，怎么每次摆动的时间都相同呢？伽利略发出这样的疑问。为了验证每次摆动的时间相同，当时在学医的他忽然想到用自己的脉搏计数测试。千真万确！伽利略为自己的发现感到惊喜。脉搏的跳动时间与灯盏的摆动时间呈现出固定的比例关系。结果发现摆动的快慢与物体的重量无关，当线长时摆动慢，当线短时摆动快。后来人们根据伽利略的发现，制成了时钟。

从这个故事我们可以了解到，实际上我们是利用自己的生理器官的节奏，来计算时间。

而在近代科学中，我们是利用地球围绕太阳公转的周期来计算时间，而日夜的概念早在人类基因内部留下了生命钟痕迹。这些都是通过人类自身生命周期进行数学计数来认识时间的体现，因此我们可以说亚里士多德的理论一直到现在还是站在无数科学家难以企及的高度。

3.笔者观点

自然世界的动与静为我们提供了运动的范畴；精神世界的

生与死给我们提供了时间的范畴；知识世界的有与无，让我们在时间范畴内思考运动范畴，得出了空间的范畴；对立的贵族思维，让我们有生与死、有与无、动与静这样的方向范畴。

我们对三个世界基本范畴的认识，可以提出三个假设。

自然世界因为各种微粒的运动，所以被感知。这一理论将被笔者称为自然认识假设。每个人获得的经验知识及文化知识，并分析综合而形成的个人的思维世界称为精神世界。这一理论将被笔者称为精神认识假设。由抽象经验知识经过众多人精神世界认可的知识世界称为文化世界。这一理论将被笔者称为文化认识假设。

了解笔者的三个世界共存的世界观，就可以知道笔者为什么不是如其他哲学家一样，从一种职能人士的世界观来认识世界，而是从一种均衡的角度来认识这个世界。

笔者的时间观点与亚里士多德基本相同，不过亚里士多德时间观的时间是可以计数的运动，而笔者的时间观是认识，强调的主体是生命本身，生命本身相对于其他运动计数就形成了一般人的时间观。

十七、亚里士多德之六：成就

亚里士多德把前人几乎所有的哲学概念都做了思考与辨别，把其中有效的概念用因果逻辑构建起一座宏伟的知识大厦，从此西方哲学在文化方面形成理论体系。这为后来贵族哲学和精神哲学理论体系的建立提供了逻辑与概念的基础，能够在概念的形式上合乎逻辑，成为后来哲学有所建树的必要条件。可以说他一个人的哲学成就基本上是过去所有哲学家的总和。

致敬亚里士多德——人类哲学领域难以超越的高峰。

第三篇　贵族时代

一、历史背景之罗马兴起

随着伯罗奔尼撒战争的落幕，希腊最富有进取心的战斗城邦雅典失去了原有的均衡社会结构，其他希腊诸民主制城邦也如此，它们不久就被马其顿和后来的罗马征服。

我们不禁要问：哲学是不是真的没有用？其实不然。

柏拉图、亚里士多德虽然详细绘制理想社会之蓝图，但柏拉图的理想国是保守的，不符合当时动荡的社会局面。而亚里士多德的法治国家也缺乏精神派和贵族派的强有力支持。

因此他们渴望的理想社会，其实都是社会职能失衡的社会。

马其顿的亚历山大大帝虽然也是一个武士，但是他更多的是作为一个伟大的精神领袖或者说是一个君主，领导马其顿的武士们一起战胜了强大的波斯，造就了世界上当时最强大的帝国。君主制太过依赖君主伟大的个性，并不是每一个君主都有好运气能够有亚里士多德这样的老师。因此，亚历山大的帝国很快就分崩离析。而罗马有稳定的贵族阶层与平民阶层的共存机制。主要的外来影响来自从海外移居意大利的两个文明民族——埃特鲁斯坎人和希腊人。埃特鲁斯坎人可能来自小亚细亚，于公元前800年前后移居台伯河北面。

约公元前500年，罗马驱逐了它的最后一个埃特鲁斯坎国王，开始了独立城邦的生涯。后来，如同在希腊那样，君主政体被废除，贵族成为社会的统治者。从前由国王掌握的王权这时转到两名执政官手中。执政官由选举产生，任期一年，总是由贵族担任。元老院是主要立法机关，也是贵族团体，甚至在接纳若干平民后其性质仍然不变。[1]

罗马人是受到小亚细亚即东方人的贵族治理与希腊人的工商业人士治理的双重影响，但总体上贵族思想占有优势，不过这种情况持续得并不久，平衡很快就被打破了。

由于平民们曾为得胜的军团提供人力，所以他们处于要求政治上得到让步的有利位置。当他们的要求遭到拒绝时，他们就采取罢工这种新颖而有效的方式，即一起撤出城市，直到全部要求得到满足。平民们运用这一方式率先取得的一个好处是有权选择被称为保民官的官吏来保护自身的利益。保民官由新的平民大会选举产生，平民大会还关心有关群众的其他事务。政治上得到的其他让步包括写下法律条文公之于众、限制任何个人所能拥有的土地的数量。[2]

在这里我们看到一种罗马平民们获得权利的方法，那就是罢工或者说撤出城市。

古罗马人很早就看到均衡的社会力量的重要性，抗衡治理集团的不合理要求而不去直接与他们结仇，这就是古罗马人成功的秘诀。

---

[1]　[美]斯塔夫里阿诺斯著:《全球通史:从史前史到21世纪(上册)》，吴象婴等译，北京大学出版社，2006年，第121页。

[2]　[美]斯塔夫里阿诺斯著:《全球通史:从史前史到21世纪(上册)》，吴象婴等译，北京大学出版社，2006年，第122页。

古罗马人的智慧高于很多国家的思想家，不得不说现代很多思想家还停留在彻底消除某些职能人士的传统思维上。

由于古罗马人有社会各种职能人士的效力，罗马人可以在军事、政治制度上不断革新。

罗马共和国是古罗马在公元前509年到公元前27年之间的政体，其正式名称是"元老院与罗马人民"，可以看出这种均衡。

现代人说到古罗马，很多人会说他们统治被征服地区。

其实从当时人们的角度来说古罗马的统治是受人欢迎的。

罗马人带来秩序与安宁，与那些横征暴敛、酷爱战争的本族统治者相比，罗马人还是更讲秩序与规则的，否则它也难以如此强大。罗马人征收税金，但也带来了腹地的和平。

而很多本地统治者既征收税金，也无法带来和平。

同时罗马人在法律上基本尊重本地裁决团（陪审团）的审判，只是在安全与外交问题上由罗马委派人员管理，而在当时的许多民族，审判裁决权专属于君王。因此，可以说对于受够了战争与独断君主的很多城邦的平民们，实际上对罗马人的统治并不那么反感。

罗马人与盟友们均衡共存的策略是其可以在对外战争中赢得盟友支持的关键，这在布匿战争中就非常明显。

罗马依靠在城市内部工商业人士与贵族元老们的均衡共存，在外部罗马与盟友们的均衡共存，最后实现了在短时期内由一个地方性城邦，扩张成了一个世界性的大帝国。

当罗马占有了整个希腊，把地中海变成了自己的内湖，贵族派哲学理论也发展成能够抗衡以亚里士多德为代表的文化派哲学理论体系的系统。

贵族派哲学理论将在贵族时代以一种团体性与系统性的面

貌出现，在各个方面论证其职能的不可取代性，从而在哲学领域掀起第三次大论战的思想交锋。

二、犬儒学派

1.背景

随着雅典伯里克利时代的结束，过去最雄伟壮观的建筑雅典卫城、帕特农神庙，过去最智慧博学的知识分子普罗泰戈拉、阿那克萨戈拉，过去最富庶、文明的雅典民众生活，一切美好的东西都如泡影一般逐渐远离雅典人而去。

随之而来的是马其顿人、罗马人粗鄙而又质朴的武士贵族，他们没有什么工商技术，甚至没有什么高雅文化，但不可否认的是他们是成功的征服者。

贵族派哲学家中开始有人希望能解释那些野蛮人获胜的秘密，并把这种贵族武士们成功的世界观在希腊传播，其中之一著名的就是犬儒学派。

2.事迹

有一个关于犬儒学派著名人物第欧根尼与亚历山大的故事。

亚历山大相貌英俊，眼光炯炯有神，一副强健的身躯，气宇轩昂。他穿过两边闪开的人群走向"狗窝"。他走近的时候，所有的人都肃然起敬。他进入每一个地方，所有的人都向他鞠躬敬礼或欢呼致意。第欧根尼只是一肘支着坐起来，一声不吭。

一阵沉默。亚历山大先开口致以亲切的问候，打量着那可怜的破瓮、孤单的烂衫，还有躺在地上那个粗陋邋遢的形象，他说："第欧根尼，我能帮你忙吗？"

"能，"第欧根尼说，"站到一边去，你挡住了阳光。"

一阵惊愕的沉默。慢慢地，亚历山大转过身。那些穿戴优雅的希腊人发出一阵窃笑，马其顿的官兵们判定第欧根尼不值一提，也互相用肘轻推着哄笑起来。亚历山大仍然沉默不语。最后他对着身边的人平静地说："假如我不是亚历山大，我一定做第欧根尼。"

3.解析

第欧根尼与亚历山大为什么会有共同语言？

亚历山大骄傲的个性让他如苏格拉底一样对欲望有强大的控制力，如第欧根尼一样不会醉心于美酒、女色、财富这些世俗之物，追求那些世俗工商业人士所追求的东西，所以他会说"假如我不是亚历山大，我一定做第欧根尼"。这其实是柏拉图把工匠看成社会最底层者的一种翻版。在他们眼里，工匠天生就会是被征服者，而且不懂贵族武士们的价值。因此他们会被斯巴达人、马其顿人所征服，会处死伟大的苏格拉底。

如果让亚历山大去做一名工匠，不如让他像第欧根尼待在瓮里，这就是贵族哲学的高傲。

4.观点

（1）第欧根尼对人造的东西具有天然厌恶。这些东西包括住房、美食、衣服等，甚至还包括一些人们共同制定的文化习俗。他说普罗米修斯因为把那些造成了生活的复杂与矫揉造作的技术带给了人类，所以受到了惩罚。

（2）他们不为外物动心，达到心灵宁静的境界。这里有犬儒学派的一个名人德勒斯的言论，他曾对一个富人说："你慷慨大度地施舍给我，而我痛痛快快地取之于你，既不卑躬屈膝，也不唠唠叨不满。"[1]

---

[1]　[英]罗素著:《西方哲学史（上卷）》，何兆武、李约瑟译，商务印书馆，1963年，第298页。

这其实是武士们心灵对肉体的一种控制，就如苏格拉底在冰天雪地里依然可以从容地行军一样。

（3）他们重视道德。像狗一样地生活只是为了显示对工商业人士生活的不屑一顾，以及意志对身体的控制，这就是他们特有的道德标准。对待金钱财物、陈规陋习的不屑也是一种武士的道德标准。第欧根尼曾经提着一个灯笼在城里游走，说："我在找一个真正诚实的人。"

我们细想一下，武士们会怎样看待人们之间的不诚实呢？还不是因为金钱、财物和陈规陋习的引诱。

5.意义

犬儒学派是质朴的武士理论的代言者，他们代表了中下层武士没有金钱时应该表现的一种生活态度。此后，中下层武士面对富有的工商业人士时，便有了让自己内心保持骄傲与平静的哲学理论。

武士在贫穷中应转行做工匠，还是继续勤练武艺？犬儒学派的哲学会给你答案。

朋友们，不要瞧不起犬儒学派，他们抚慰了无数中下层武士受伤的心灵，为社会带来了长久和平的契机。

三、伊壁鸠鲁学派

1.背景

自从伯罗奔尼撒战争失败以后，雅典的传统武士贵族变得一蹶不振。但是希腊贵族派哲学的重要程度却被有识之士提到一个新的高度，这期间出现了苏格拉底、柏拉图这样一批重要的贵族派哲学人物。不过，贵族派哲学一直受到神学和精神派哲学的压制，于是，贵族派哲学出现了大举反击神学及精神派哲学的新理论，这就是伊壁鸠鲁主义。

2.经历

伊壁鸠鲁从14岁开始研究哲学。在18岁的时候，大约在亚历山大逝世的时候，他来到了雅典。

伊壁鸠鲁在陶斯曾向一个叫作瑙昔芬尼的人学过哲学，此人显然是德谟克利特的弟子。

虽然伊壁鸠鲁的成熟哲学得之于德谟克利特的，要比得之于任何其他哲学家的都多。然而他对瑙昔芬尼十分轻蔑，他把瑙昔芬尼叫作"软体动物"。[1]

在他年少时，亚历山大伟大的东征必然影响到他幼小的心灵，这是对于过去认知的任何可以安慰心灵的神学知识的否定，因为亚历山大征服的疆域面积如此之大，即使在古代的神学里也想象不出世界竟然如此广阔。

有志于成为贵族的人们似乎可以不再依靠任何人，而是依靠他们的质朴、团结与勇气就可以做世界的主人。

从战士的角度来看，你就可以理解伊壁鸠鲁为什么要把瑙昔芬尼叫作"软体动物"，他不尊重其他哲学家是因为他以一个战士的敌对态度去对待他们。

3.观点

（1）伊壁鸠鲁主义者致力于一种他们所谓的"不动心"或者说灵魂宁静的生活的理想。

"德行"除非是指"追求快乐时的审慎权衡"，否则它便是一个空洞的名字。例如，正义就在于你的行为不至于害怕引起别人

---

[1]　[英]罗素著:《西方哲学史（上卷）》，何兆武、李约瑟译，商务印书馆，1963年，第309页。

的愤恨。[1]

这其实是一种贵族武士们在有所制衡时，寻求自然的精神秩序的表现。而不是相互合作，以获得更高的经济效率。

（2）他追随德谟克利特，相信世界是由原子和虚空构成的，但是他并不像德谟克利特那样相信原子永远是被自然规律所完全控制着的。[2]

我们知道，万物都存在着理性与规律的观点，出自精神派哲学家阿那克萨哥拉和毕达戈拉斯，因此规律是不被他接受的。伊壁鸠鲁把事物的构成归因于一种原子的碰撞，直到这些原子形成许多个原子网，而这些原子团或原子的排列就是我们现在所看到的事物。[3]

这种碰撞和赫拉克利特所说的永恒的火的斗争，虽然有所差别，但其核心内容是一致的，只是其基础由水、土、气等改成了原子。

（3）伊壁鸠鲁认为灵魂－原子布满了整个身体。感觉是由于身体所投射出去的薄膜，死后，灵魂就消散，而它的原子（这些原子当然是继续存在的）就不能再有感觉，因为它们已不再与身体联系在一起了。因此，用伊壁鸠鲁的话来说就是死与我们无干，因为凡是消散了的都没有感觉，而凡是无感觉的都与我们无干。[4]

[1]［英］罗素著:《西方哲学史（上卷）》，何兆武、李约瑟译，商务印书馆，1963年，第312页。

[2]［英］罗素著:《西方哲学史（上卷）》，何兆武、李约瑟译，商务印书馆，1963年，第315页。

[3]［美］撒穆尔·伊诺克·斯通普夫〔美］詹姆斯·菲泽著:《西方哲学史》，邓晓芒、匡宏等译，北京联合出版公司，2019年，第108页。

[4]［英］罗素著:《西方哲学史（上卷）》，何兆武、李约瑟译，商务印书馆，1963年，第316页。

因此，他鼓励我们追求现实的快乐。

他在《生命的目的》一书中所写的"如果抽掉了嗜好的快乐，抽掉了爱情的快乐以及听觉与视觉的快乐，我就不知道我还怎么能够想象善"。又写到"一切善的根源都是口腹的快乐，哪怕是智慧与文化也必须推源于此"。[1]

伊壁鸠鲁学派用贵族们现实的快乐来对抗宗教永恒的慰藉。伊壁鸠鲁本人并不否认神，但认为神自身并不过问我们人世的事情。他们都是遵循伊壁鸠鲁教诫的合理的快乐主义者，所以不参与公共生活。这样，伊壁鸠鲁学派就把祭司们的权力从公共事务中排除了出去，从而成为一种贵族职能人士对抗祭司的有效理论。

4.影响

罗马共和国末期，伊壁鸠鲁的学说在受教育人群中非常流行，因为那时候人们正在反对传统宗教。但是奥古斯都皇帝提倡复古，提倡复兴古代的德行与古代的宗教，它的影响力又大大降低。到了近代，为了制衡宗教，人们又把它搬了出来。

伊壁鸠鲁的学生卢克莱修是雪莱所喜爱的作家之一。卢克莱修对伊壁鸠鲁以宗教强度的语言赞颂了这位他所认为是宗教摧毁者的人：

当人类在地上到处悲惨地呻吟，
人所共见在宗教的重压底下，
而她则在天际昂然露出头来
用她凶恶的脸孔怒视人群的时候——

[1]　[英]罗素著：《西方哲学史（上卷）》，何兆武、李约瑟译，商务印书馆，1963年，第312页。

是一个希腊人首先敢于

抬起凡人的眼睛抗拒那个恐怖；

没有什么神灵的威名或雷电的轰击

或天空吓人的雷霆能使他畏惧；

相反它更激起他勇敢的心，

以愤怒的热情第一个去劈开

那古老的自然之门的横木，

就这样他的意志和坚实的智慧战胜了；

就这样他旅行到远方，

远离这个世界的烈焰熊熊的墙垒，

直至他游遍了无穷无尽的大宇宙。

然后他，一个征服者，向我们报道

什么东西能产生，什么东西不能够，

以及每样东西的力量

如何有一定的限制，

有它那永久不易的界碑。

由于这样，宗教现在就被打倒在人们的脚下，到头

来遭人践踏，

而他的胜利就把我们凌霄举起。[1]

从这首诗里，我们也可以看到伊壁鸠鲁理论的魅力，贵族派哲学家在应对精神派哲学家的说教时，有了可以应对的理论，贵族指挥官不用再害怕自己的命令在宗教面前失灵了，他们可以在伊壁鸠鲁主义者中寻找自己可以信赖的伙伴。

---

[1] ［英］罗素著：《西方哲学史（上卷）》，何兆武、李约瑟译，商务印书馆，1963年，第318—319页。

四、斯多葛学派

1.背景

斯多葛主义作为罗马贵族主流的哲学学派，吸纳了罗马当时一些最卓越的知识分子。

吉尔柏特·穆莱教授说："几乎所有的亚历山大的后继者，我们可以说芝诺以后历代所有主要的国王都宣称自己是斯多葛派。"[1]

斯多葛主义理论传统来自贵族派哲学家赫拉克利特，我们还记得赫拉克利特所说的"过去、现在和未来永远是一团永恒的活火"[2]。

这里有一个问题就是为什么斯多葛学派不以柏拉图的理论传统为基础，应该说柏拉图的理论更加生动，而且名气大得多。这是因为柏拉图的"理念论"太保守了，如果使用永恒不变的理念，很难想象罗马如何开疆阔土，并应对广大的统治区瞬息万变的情况。

而赫拉克利特永恒的、无处不在的火的观念，正好适用于罗马人对他们认为的野蛮的、不守规矩的异族人永不停息的征服活动。

2.思想演变

斯多葛学派的创始人是塞浦路斯岛上的西提姆的芝诺。不过斯多葛学派的理论变化很大。

关于芝诺，流传下来的只有一些残篇。根据这些残篇看来，

---

[1]　[英]罗素著:《西方哲学史（上卷）》，何兆武、李约瑟译，商务印书馆，1963年，第324页。

[2]　[英]罗素著:《西方哲学史（上卷）》，何兆武、李约瑟译，商务印书馆，1963年，第58页。

他似乎把"神"定义为世界的烈火心灵，他说过"神"是有形体的实质，而整个宇宙就构成"神"的实质。特尔图良说按照芝诺的讲法，"神"渗透到物质世界里就像蜜渗透到蜂房里一样。

据第欧根尼·拉尔修说芝诺认为"普遍的规律"也就是"正当的理性"，是渗透于万物之中的，是与宇宙政府最高的首脑宙斯同一的"神"，心灵、命运、宙斯都是同一个东西。命运是推动物质的力量，"天意"或"自然"就是它的别名。[1]

认为灵魂是由物质的火构成，在词句上可以从爱比克泰德和马可·奥勒留那里找得到，但是他们似乎并不是把火认为真正构成物理事物的四元素之一。

只有晚期的斯多葛派才追随柏拉图，把灵魂认为是非物质的，这时的罗马贵族们已经走向了衰败与保守，他们就更多借用了柏拉图的保守理论。

斯多葛派则因渗入了柏拉图主义而逐渐放弃了自然哲学的讨论。但他们的伦理学说的确是改变得很少，而伦理学说又是大多数斯多葛派所认为是最主要的东西。

随着时间的推移，关于伦理学以及与伦理学最有关的那些神学部分便越来越得到极端强调。

3.观点

斯多葛学派主要研究伦理学、物理学和逻辑学。

（1）伦理学。

①行动准则。斯多葛学派说：人的智慧在于认识到在这部戏剧中我们的角色是什么，并把这个角色扮演好。有些人只是"跑跑龙套"，而另一些人则被分派演主角。"不论神高兴你扮演一

---

[1] ［英］罗素著：《西方哲学史（上卷）》，何兆武、李约瑟译，商务印书馆，1963年，第329页。

个穷人，或扮演一个残疾人，一个统治者还是一个普通公民，你都一定要演好。因为扮演好给你的角色是你的本分。"[1]

生气、嫉妒，以及自感受辱，都绝不可能改变我们是演小角色的天意。我们面临死亡的时候，也可以像苏格拉底一样从容镇定。所有人必然接受着天意的安排，坏人虽然也不得不遵守天意的法律，但不是自愿的，用克雷安德的比喻来说，他们就像是被拴在车后面的一条狗，不得不随着车跑。[2]

斯多葛学派的伦理学的实质是一种天定的命运与天授的权利。这种学说非常符合那些天生就是主角的贵族精英们的胃口。每一个士兵、工商业人士、文化人士都能够遵守秩序，安于天命，那对于贵族们的管理统治是非常有利的。

由于伦理秩序的切实要求，使罗马的斯多葛派把一切理论的研究都看成附属于伦理学的。芝诺说哲学就像是一个果树园，在那里面逻辑学就是墙，物理学就是树，而伦理学则是果实；或者又像是一个蛋，逻辑学就是蛋壳，物理学就是蛋白，而伦理学则是蛋黄。[3]

②生死问题。在整个斯多葛派的历史上，苏格拉底始终是他们主要的圣人；苏格拉底受审时，他拒绝逃亡，视死如归，认为干了不正义的勾当的人对自己的伤害要比对别人的伤害更大，

[1] ［美］撒穆尔·伊诺克·斯通普夫、［美］詹姆斯·菲泽著：《西方哲学史》，邓晓芒、匡宏等译，北京联合出版公司，2019年，第114页。

[2] ［英］罗素著：《西方哲学史（上卷）》，何兆武、李约瑟译，商务印书馆，1963年，第326页。

[3] ［英］罗素著：《西方哲学史（上卷）》，何兆武、李约瑟译，商务印书馆，1963年，第381页。

这一切都完全与斯多葛派的教训吻合。[1]

斯多葛派给予英勇的苏格拉底的地位，甚至超过了罗马本土的贵族英雄，可以想象罗马贵族们对于雅典曾经有这样一个忠于职守的战士有多么推崇。

（2）物理学。

斯多葛学派认为，世界并不是惰性的或被动的物质的堆积，世界是一种能动的、变化着的、结构性的和有序的安排，它就是火。

在斯多葛主义那里，自然的过程是被一个"立法者"——神圣的火所规定的。整个宇宙直到最微小的细节，都被设计成要以自然的手段来达到某种目的。这些目的，除了涉及神鬼以外，都可以在人生中找得到。万物都有一个与人类相关联的目的。有些动物吃起来是美味，有些动物则可以考验我们的勇气，甚至连臭虫也是有用的，因为臭虫可以帮助我们在早晨醒来而不至于躺在床上太久。[2]

斯多葛学派把能动的火的作用与神圣的意志联系在一起。虽然给了自然世界一个初步的解释，但是把自然规律神圣化了，让我们无法对其进行思辨与改造，因此斯多葛学派很难在实践物理方面取得重大的成就。

（3）逻辑学。

斯多葛派以亚里士多德的逻辑学为基础建立了一种新的逻辑体系，从而把贵族哲学各"类"概念形成系统。他们的逻辑学

[1] ［英］罗素著:《西方哲学史（上卷）》，何兆武、李约瑟译，商务印书馆，1963年，第324页。

[2] ［英］罗素著:《西方哲学史（上卷）》，何兆武、李约瑟译，商务印书馆，1963年，第326页。

者从形式的观点来考察命题，把命题分为简单的和复合的，复合命题中又包括假言的、选言的和联言的。假言是由连结词"如果、则"把两个命题组合而成的复合命题；选言的命题是用连结词"或"组成的；联言命题是用连结词"并且"组成的。

斯多葛派的逻辑研究为罗马拉丁体系法律和语言的进一步成熟提供了理论依据。

（4）世界主义的通用秩序。

斯多葛学派把人的相互关系看成具有最大意义的事，因为人都带有一点神性。使人们相互联系起来的东西是人们身上存在的一种共同的成分。这种纯粹的物质性的灵魂可以通过身体方面的途径被父母转移到孩子的身上。

如西塞罗所说，因为理性既存在于人之中也存在于神之中，人和神共同具有的第一个东西就是理性。但是那些具有共同理性的人也必定具有共同的正当理性。而且因为正当理性就是法，所以我们必须相信，人和神一起共同具有法。进而，那些分有法的人还必定分有正义，而且那些分有这些东西的人应当被视为同一个共同体的成员。[1]因为神性是必须得到尊重的。

斯多葛学派的罗马贵族们一直把自己看成秩序的维护者，而不是财富的掠夺者。不论是在内部对待罗马人民，还是在外部对待同盟城邦，罗马贵族们一贯的做法使他们可以取得一个又一个的胜利。

对于贵族来说，保护民众，给予民众一个安定的生活秩序，就是他们的天职，而且他们也因此高贵。

斯多葛学派的罗马贵族把在他们治理秩序之下的所有人都主

---

[1] ［美］撒穆尔·伊诺克·斯通普夫、［美］詹姆斯·菲泽著:《西方哲学史》,邓晓芒、匡宏等译,北京联合出版公司,2019年,第115页。

动赋予不可侵犯的神性，这样就确实保证了民众的财富与安全。

相对于世界上许多无法无天的军事化集团，必须为斯多葛学派的罗马贵族们点赞。

4.意义

斯多葛派作为一个正统的贵族哲学理论，虽然在物理学方面有所欠缺，但它在建立武士们的内心伦理学与外部秩序理论方面取得了巨大的成就。

贵族们在有了犬儒学派、伊壁鸠鲁学派、怀疑学派的理论之后，就可以成功地反击经验派哲学家、精神派哲学家、文化派哲学家的理论攻势。再加上斯多葛派建立的内心伦理学与外部秩序理论，贵族派哲学理论终于成为一个可以独当一面的大型体系。

贵族派哲学理论体系区域内的贵族们可以过上内心平静安详、有意义的生活，而不是如世界上其他地方的贵族们那样狂暴与贪婪成性。

五、怀疑主义

1.背景

文化派哲学家要做好文化的批判，一般有两条路可走。一条是像巴门尼德、亚里士多德一样，否定前人的学说，并提出自己的系统学说，成为当时最伟大的哲学家。另一条路是怀疑当前和过去的一切哲学理论，成为一个怀疑主义者。

罗马时代的人们比较崇尚武力，没有那么多辩论来支持文化派的创新，因此，只有一批怀疑主义的名人在当时留下了痕迹。同时，贵族们也需要怀疑主义理论来为他们的文化知识进行辩护。

2.趣事

皮罗是古希腊怀疑主义的创始人，他曾参加亚历山大东征军队，远征到过印度，他的理论对于军人来说是容易接受的。

有一次他和同伴们一起乘船出海，遇到了风暴。同伴们都惊慌失措，而他却若无其事，指着船上一头正在吃食的小猪，对他们说这是哲人应当具有的不动心状态。

3.观点

（1）我们都知道与普罗泰戈拉同时代的高尔吉亚著有怀疑主义著作《论自然与不存在》。

他主张：①无物存在。②如果有某物存在，它也无法被认识。③即使它可以被认识，也不能被传达。

为什么怀疑主义会把没有文字作品的皮罗作为创始人呢？因为怀疑主义者只批判规律、抽象这些贵族们不擅长的东西，而不批判现实的存在性。

皮罗著名的弟子蒂孟现存的两句话可以说明一些原因。一句是说"现象永远是有效的"。另一句是说"蜜是甜的，我决不肯定；蜜看来是甜的，我完全承认"。

蒂孟的意思是说"蜜是甜的"这种抽象判断，是不能够肯定的。[1]

"蜜看来是甜的"这种现象是怀疑主义者承认的。正因为皮罗的怀疑主义只批判一些抽象的文化内容，而不怀疑贵族们的现实权威，所以他可以作为一个哲学流派为罗马的贵族们所用，并成为反击精神派哲学、文化派哲学的武器。

（2）怀疑主义对神的态度，可以在怀疑主义者塞克斯托《反

---

[1]［英］罗素著:《西方哲学史（上卷）》，何兆武、李约瑟译，商务印书馆，1963年，第300页。

对信仰神的论证》的两段话中看出。

> 我们怀疑派在实践上追随着世人的做法，并且对它没
> 有任何的意见。我们谈到神，把他们当作是存在的，我们敬
> 神并且说他们执行天命；但是这样说的时候，我们并没有表
> 示信仰，从而避免了教条者们的鲁莽轻率。
>
> ……
>
> 那些积极肯定神存在的人，就不能避免陷于一种不虔
> 敬。因为如果他们说神统御着万物，那么他们就把他当成是
> 罪恶事物的创作者了；另一方面，如果他们说神仅只统御着
> 某些事物或者不统御任何事物，那么他们就不得不把神弄
> 成是心胸狭隘的或者是软弱无能的了，而这样做便显然是
> 一种十足的不虔敬。[1]

我们可以看出，怀疑主义只相信现存的神学观点，而把任何
进一步的神学讨论拒之门外。这样既满足了罗马贵族们对于传
统宗教的需要，又可以为他们抵御新的宗教对罗马人的感召。

（3）蒂孟提出了一种理智上的论证，这种论证从希腊逻辑
的立场来说是很难答复的。希腊人所承认的唯一逻辑是亚里士
多德所说的演绎逻辑，而一切演绎都得像欧几里得那样，必须
是从公认为自明的普遍原则出发。但蒂孟否认有任何找得出这
种原则来的可能性。所以一切就都得靠着另外的某种东西来证
明了，于是一切的论证要么便是循环的，要么便是系在空虚无
物上面的一条无穷无尽的链锁。而这两种情形无论哪一种，都

---

[1] [英]罗素著:《西方哲学史（上卷）》，何兆武、李约瑟译，商务
印书馆，1963年，第306页。

不能证明任何东西。[1]

亚里士多德的文化派哲学理论本身就是一种抽象与归纳，其并不能产生新的知识，这一点我们在前面已经谈到过。因此，我们可以看到，这种论证就砍中了统治着整个中世纪的亚里士多德哲学的根本。这就是皮罗的理论用来反对文化派哲学的一个核心，从此贵族派哲学不再对亚里士多德的庞大体系有任何畏惧。

4.意义

怀疑主义可以导向悬置判断，避免否定或肯定任何东西。贵族们可以通过这种对判断的悬置而获得一种无干扰的、宁静的心态。

怀疑主义是一种文化人士与贵族都可以接受的理论，文化人士可以怀疑贵族们的权威与荣誉，贵族们也可以怀疑文化职能人士的各种理论。当然贵族们是质朴的，他们在多数情况下讲不赢文化职能人士，甚至是工商职能人士，因此能在这个领域之内与文化人士打成平手，也是一种他们十分乐于接受的理论了。

---

[1] ［英］罗素著:《西方哲学史（上卷）》，何兆武、李约瑟译，商务印书馆，1963年，第300页。

第四篇　神圣时代

一、犹太教的历史背景新说

以色列人的宗教一开始与其他各民族的宗教并无重大不同。他们除了信奉亚威即"旧约"中之耶和华外还有别的神，同时对这些神的崇拜也是习以为常的。

公元前586年，尼布甲尼撒攻陷了耶路撒冷，即以色列人的家乡，毁坏了圣殿，将大部分百姓掳到巴比伦。巴比伦于公元前538年被米底人和波斯人的王居鲁士灭亡了。居鲁士王于公元前537年发出一道命令，准许犹太人返回巴勒斯坦。

可以想象，以色列人被掳走期间受尽了痛苦，他们无法再去欣赏神话故事里的众神们相互争斗的精彩故事，于是转向寻求一个单一的、强大的神灵的护佑。当他们返回巴勒斯坦，重回家园时，他们开始相信是唯一的、强大的神灵给了他们庇护。

十诫第一条中提到不可有别的神。[1]

这是被掳到巴比伦不久的一次革新，这种革新非常重要，是犹太教从多神教转向一神教的决定性一步。

---

[1]　［英］罗素著：《西方哲学史（上卷）》，何兆武、李约瑟译，商务印书馆，1963年，第394页。

转向一神教以后，犹太教的理论可以走向一种更高的抽象程度，可以符合巴门尼德的存在的抽象要求，达到唯一性、永恒性和不可毁灭性，从而为哲学与犹太教的相互融合打下了至关重要的基础。而且这种转变是在以色列人被掳走期间，因此犹太教宣传了一种不屈不挠的意志，特别符合被压迫的底层社会人士的需要。这是一种真正在一无所有的情况下，坚信将获得救助的宗教。

二、奥古斯丁之《忏悔录》

1.《忏悔录》的故事

《忏悔录》中记载的关于奥古斯丁生涯中的一件事，是在他的少年时代发生的。这件事说明他和其他少年并没有什么显著的区别。有一次他和一伙年岁相仿的同伴偷摘了邻居树上的梨，但这时他并不感到饥饿，而且在他家中还有更好的梨。他一直认为，这是一种令人难以置信的邪恶。假如因为饿，或是没有其他办法得到梨吃，那么这种行为还不至于那么邪恶。这种恶作剧纯然出自对邪恶本身的爱好，而正是这一点才显得这事邪恶得不可名状。于是他请求上帝宽恕他："请你鉴察我的心……"[1]他这样继续写下了七章，而且全都是关于年幼淘气时从一棵树上偷摘了几个梨的问题。

2.观点

如何看待奥古斯丁偷梨的这个问题呢？一般人可能认为他在小题大做，就连罗素也仅仅把这件事看成一种罪恶意识的体现，但实际上相去甚远。

---

[1] ［英］罗素著:《西方哲学史（上卷）》，何兆武、李约瑟译，商务印书馆，1963年，第438页。

奥古斯丁为什么偷了别人家的梨却不吃？这是一种破坏行为，这种破坏行为在贵族之间最常见。一旦邻近贵族有机会发了财就会招兵买马，侵略本地贵族的地盘，因此本地贵族要去提前搞破坏。这是一种资源占有者之间的必然行为，工商业人士、文化人或者祭司都没有想方设法去做坏事、损人还不利己的习惯。因此奥古斯丁是在揭露贵族们的行为准则，并且让他们为自己做这种事情而忏悔。可以想象贵族们读到他的这些文章时，会产生多大的心理震撼。

奥古斯丁进一步指出，他不只在儿童时代犯了罪，例如说谎和偷窃食物、充满情欲等，而是在更早的时期就已犯了罪；他当真用了一整章的篇幅（第一卷第七章）证明甚至啜乳的婴儿也充满了罪恶，例如：贪食、嫉妒和其他一些可怕的邪恶。[1]这样，奥古斯丁反驳了伊壁鸠鲁哲学中所说的人产生于自然，应该追求自然快乐的观点。突出了一种人天生就有罪，只有我们爱上帝才能够救赎罪恶的观点。

3.意义

贵族们一有机会就会破坏敌人土地上的任何事物，这是一种天性。从这一点上也可以理解为什么罗马人要在第三次布匿战争后在迦太基的土地上撒上盐，以造成永久的盐碱化土地来进行破坏。奥古斯丁一定是潜移默化地接受过这种贵族行为方式的教育。现在奥古斯丁既然抛弃了贵族的职业生活方式，因此自然要用宗教拼命反思自己过去的行为，这就是《忏悔录》一书真正的内容所在。

奥古斯丁是真诚的，他并不否定自己对情欲、希腊文化与

---

[1] ［英］罗素著:《西方哲学史（上卷）》，何兆武、李约瑟译，商务印书馆，1963年，第441页。

异教的原本热忱，坦率地把它们与成为一个基督徒之间作了比较，这样更加肯定了基督信仰的伟大，这比那些盲从的宗教理论更让人信服。

因此，自从《忏悔录》面世，基督教贵族们的骄傲本色似乎被揭穿。除了宗教运动以外，他们多数人不再为私人的骄傲而肆意征伐。

三、奥古斯丁之《上帝之城》

1.背景

410年，日耳曼的西哥特人在领袖阿拉里克率领下，进入意大利，围攻罗马城。在城内奴隶的配合下打开城门，掠夺而去，此后在西罗马帝国境内建立西哥特王国。

异教徒很自然地把这场灾难归咎于不再信仰古代诸神的结果。他们说，在信奉朱庇特时，罗马一直保持着强盛；但现在皇帝们都不再信奉他，所以他也不再保护罗马人了。异教徒的这种议论需要给予答复。[1]

奥古斯丁认为异教徒经常把灾难归咎于基督教。可是他们当中许多人，在被劫掠期间就曾跑进教会中避难，因为蛮族哥特人信奉基督教，他们是尊重教会的。与此相反，当特洛伊遭受劫掠时，朱庇特神殿不仅未成为人们的避难所，而且诸神也未守护该城免遭破坏。[2]

他认为一些邪恶的哥特人固然可借着牺牲基督徒的利益发

---

[1] [英]罗素著:《西方哲学史(上卷)》,何兆武、李约瑟译,商务印书馆,1963年,第451页。

[2] [英]罗素著:《西方哲学史(上卷)》,何兆武、李约瑟译,商务印书馆,1963年,第452页。

财致富，但在来世他们是要受苦的，如果所有罪恶都在地上受到惩罚，那么最后的审判就不必要了。如果基督徒是有德行的话，他们所忍受的必然于他们的德行有所增益，因为对圣徒来说，丢掉了现世的东西，并不意味着丢掉任何有价值的东西。[1]接着便论到在劫掠期间一些信仰虔诚的处女遭受强奸的问题。奥古斯丁却非常明智地反对这种见解。他说："咄！别人的情欲是不会玷污你的。"[2]

2.观点

奥古斯丁认为异教诸神是存在的，但他们全都是些魔鬼。因为他们想加害于人，所以他们愿意传布一些有关他们自身的猥琐故事。

过去的思想家由于对异教诸神的信仰，因而他们的道德教训也就不足为训了。正统的道德应该教人认识原罪。

自从亚当犯罪之后，世界被划为两个城。一个城要永远与上帝一同做王，另一个城则要与撒旦一同受永劫的折磨。

该隐属于魔鬼之城，亚伯属于上帝之城。

特别说明一下，奥古斯丁是由摩尼教改信基督教的。摩尼教也是讲究明暗对立的。这些讲究对立的宗教，可以简单地把人划分为善恶。这种对立的观点非常受武士贵族们的喜爱，因为他们有理由去做惩恶扬善的侠客。同样，奥古斯丁把信教者与不信教者做了思想对立面的精确区分，这种区分非常类似于贵族们划定地盘，地盘外的敌人是恐怖的、可悲的，只有地盘之内的人是

---

[1]　[英]罗素著:《西方哲学史(上卷)》，何兆武、李约瑟译，商务印书馆，1963年，第452页。

[2]　[英]罗素著:《西方哲学史(上卷)》，何兆武、李约瑟译，商务印书馆，1963年，第452页。

和善的、幸福的。

3.秩序

奥古斯丁认为要避免对异教诸神的邪恶信仰，就需要对爱的次序有充分认识，才能实现国家的正义。贵族们要站在正义一边，不仅应该有对立面，还要有认识善和恶的能力。

"失序的爱"就在于我们期望从一个爱的对象那里得到的东西超过了它所能提供的限度，而这一点导致了人类行为中的各种反常现象。正常的自爱变成了骄傲，而骄傲则是让人的行为方方面面都受到影响的最主要罪过。骄傲的本质是认为人是自足的。[1]

道德法则告诉我们必须做什么，奥古斯丁得出结论说："律法的建立是为了使人追求神恩；有了神恩，律法就可以实现。"[2]

4.意义

对照在伯罗奔尼撒战争中战败的雅典，柏拉图完成《理想国》，书中抬高了纪律鲜明的哲学王统治的城市，这就与看似混乱的平民治理的城市形成了对比。同样，奥古斯丁在罗马失守之后，他在《上帝之城》中对比"魔鬼之城"的罪恶与"上帝之城"的圣洁，这与《理想国》有异曲同工之妙。将不守规则的人排除在边界之外，我们可以看出这种以神恩为起点的律法秩序与柏拉图以理念为起点的国家秩序非常相似，他们都是想通过一种神圣、永恒的东西为起点来建立一种稳固的社会秩序。奥古斯丁提出的精神哲学的对立面理论，让基督教可以与贵族

[1] [美]撒穆尔·伊诺克·斯通普夫、[美]詹姆斯·菲泽著:《西方哲学史》，邓晓芒、匡宏等译，北京联合出版公司，2019年，第141页。

[2] [美]撒穆尔·伊诺克·斯通普夫、[美]詹姆斯·菲泽著:《西方哲学史》，邓晓芒、匡宏等译，北京联合出版公司，2019年，第142页。

哲学结合，从而使欧洲贵族成为基督教的信徒。

四、阿奎那

1.背景

1077年1月，德皇亨利四世冒着风雪严寒，前往意大利北部的卡诺莎城堡向教皇"忏悔罪过"，三天三夜后，教皇才给予亨利四世一个额头吻，表示原谅。这件事标志着教会的权力走向了一个巅峰，这也是奥古斯丁的哲学不断征服欧洲贵族的心灵领域的体现。但是奥古斯丁的哲学体系是保守的，它只能比拼谁的信仰更虔诚，而难以解释新概念。

当一种虔诚的精神信仰一旦发展到极端，它就会把管理范围伸向工匠、贵族、文化人士的领域。而从极端信仰出发的认识理论往往是让人难以接受的，特别是在面对蛮族人和异教徒的诘问时，单纯的虔诚信仰就显得越来越无力，这时教会的势力就开始走下坡路了。

阿奎那顺应时代的要求，写了两部主要的神学著作，它们是《反异教大全》和《神学大全》。《反异教大全》就是从理性而非《圣经》的观点出发来讨论基督教神学问题。在那个时代，从柏拉图的善恶对立与秩序出发的奥古斯丁的理论就不再适用，而亚里士多德严谨的形而上学的思辨体系就派上了用场。

2.观点

（1）阿奎那希望在精神领域建设一套类似于亚里士多德的形而上学的体系，从而达到维护宗教理论系统严密性与完整性的目的。这一套神学理论体系专门解释精神领域的问题。它是对权威启示的原则所做的理性整理，并被认作信仰的问题。神学开始于对上帝的信仰，而且把万物说成上帝的创造物。同时存在的还有哲学理论体系,它生于被人类理性所发现的原则,通过推理而上升到更一般的概念,最后,像在亚里士多德那里一样,我们把握住最高的原则或存在的第一原因,最终达到上帝的概念。由于神学讨论的是更高层次的问题,因此神学和哲学的关系是神学高于哲学,哲学是神学的奴仆。

(2)上帝存在的证明。为建立从权威启示而来的理论架构,阿奎那对上帝存在进行了证明。我们来看看阿奎那是如何从运动出发来证明上帝存在的。

阿奎那认为,我们能确定世界上有事物在运动,因为这对我们的感官来说是显而易见的。[1]

要解释运动,我们就不能采取无穷回溯的办法。要是我们说这个序列中的每个推动者原来又是被先前的推动者所推动的,那我们就永远不能找到运动的始源,因为那样一来.每个推动者就都只是潜在地处于运动中了。[2]

然而,事实是的确存在运动。所以必然存在一个能够推动他物而无须被他物推动的推动者,这个推动者,阿奎那说,"每个人都把他理解为上帝"[3]。

我们可以对比亚里士多德在《形而上学》第十二卷中的表述。亚里士多德认为,运动是永恒的,因此必然有永恒的运动原因。这个原因本身不能再是运动的,否则就得再找个更高一级的动因。

---

[1] 〔美〕撒穆尔·伊诺克·斯通普夫、〔美〕詹姆斯·菲泽著:《西方哲学史》,邓晓芒、匡宏等译,北京联合出版公司,2019年,第174页。

[2] 〔美〕撒穆尔·伊诺克·斯通普夫、〔美〕詹姆斯·菲泽著:《西方哲学史》,邓晓芒、匡宏等译,北京联合出版公司,2019年,第175页。

[3] 〔美〕撒穆尔·伊诺克·斯通普夫、〔美〕詹姆斯·菲泽著:《西方哲学史》,邓晓芒、匡宏等译,北京联合出版公司,2019年,第175页。

阿奎那的论证就是把亚里士多德的论证中的"推动者"加上了一个神学的外套，其推理的前提与逻辑链条都没有改变。

接着用同样的方法，阿奎那从致动因、必然存在、完满性和秩序四个方面进行了证明。

阿奎那的论证之所以让人感觉有道理，是因为他把整个神学当成了另外一套体系来进行思考，这是一种不同于普通形而上学的神学的形而上学理论。举一个例子，我们玩一款游戏，如果玩了很长时间，我们就认同游戏中概念的现实性，游戏世界中的概念就部分等同于现实的精神世界中的概念，我们可以从游戏世界中的概念的角度进行新的概念构建。

当然，阿奎那认为神学的形而上学理论是高于生活的形而上学的理论的。

（3）道德与法学。

阿奎那的道德学与亚里士多德一样，他把伦理学看成对幸福的一种追求。不过，阿奎那认为，对于道德而言，有一种双重的层次，它对应于我们的自然目的和超自然目的，其中超自然的目的和神学有关。同样，阿奎那把法学分为永恒法、自然法、人为法和神法。他对这四种法律进行了概念的思辨，当然他这种思辨并不是要如亚里士多德一样达到最好的分配方式，即按比例的平等并且使每一个人都享受自己的所有。

最终，阿奎那认为，人要达到世俗之外永恒的幸福就需要神法。除了自然法和人为法之外，人应当由神所给予的法来指导其达到他们的目的，这是完全必要的。[1]

神法对我们来说，是通过启示而得到的，而且它也可以在

---

[1]　[美]撒穆尔·伊诺克·斯通普夫、[美]詹姆斯·菲泽著：《西方哲学史》，邓晓芒、匡宏等译，北京联合出版公司，2019年，第185页。

《圣经》中找到，它不是人的理性的产物，而是由上帝的神恩给
予我们的。[1]

3.意义与影响

阿奎那的观点还有很多，其本质就是在亚里士多德的体系
上，增加了一个形而上学的神学体系。有了这个体系，基督教就
可以在文化上自圆其说、抵御异教。从此，神学具备了统御经
验、精神、贵族、文化哲学理论的完整体系，可以在自己的领域
内保持独立性，而不会再产生大的理论体系危机。并且阿奎那的
理论让人们可以公开地研究亚里士多德的古希腊文献，由于亚
里士多德是百科全书式的，相关的希腊哲学家的理论也就可以
不受制约地进行研究了，这样为整个文艺复兴的文化开化创造
了条件。

---

[1] ［美］撒穆尔·伊诺克·斯通普夫﹑［美］詹姆斯·菲泽著:《西方哲学史》,邓晓芒、匡宏等译,北京联合出版公司,2019年,第185页。

第五篇　系统时代

一、西方文明获得均衡后的突飞猛进

中世纪西欧取得的技术进步，比整个古典希腊和罗马历史时期所取得的进步还要多。

中世纪的贵族采邑制度有助于技术的发展。在这一制度下，社会阶层的范围并非从皇帝到非人的奴隶，而是从具有一定权利和义务的农奴到庄园主；庄园主贵族们为了对生产过程有一些真实的了解，与农奴保持充分的接触。因此，体力劳动获得了一席地位，并受到尊重，这是古老的奴隶制文明所没有的。

基督教的人道主义伦理，也促进了西方技术的发展；人道主义伦理本身是在反对古老的帝国社会的无人性中发展起来的。修道院里的修士们坚持认为，体力劳动是精神生活的组成部分，或者如他们所说，劳动就是祈祷。这些修士们成为最早的指甲下有污物的知识分子，这是具有重大历史意义的。他们最早将智慧和汗水连在一起，在这一点上，他们十分有助于技术的进步。[1]

教士们在文化的传播与创新中也起到了巨大的作用，伽利

---

[1]　［美］斯塔夫里阿诺斯著:《全球通史：从史前史到21世纪（上册）》，吴象婴等译，北京大学出版社，2006年，第279页。

略就曾在修道院学习，并为近代科学的建立做出了奠基性贡献。因此可以说，中世纪的贵族与神学教士们在思想上都对生产的经验与技术保持着尊敬。同时，工商业人士自己的理论体系也在不断发展。

在以亚里士多德为主要代表的文化哲学理论体系、斯多葛学派为主要代表的贵族哲学理论体系、基督教的神学哲学理论体系完备之后，工商业人士的经验哲学理论体系才有可能建立起来。这是因为工商业人士需要精神指引、贵族保护及公平的市场法律。用经济学的说法，贵族为工商业人士提供资源，精神引导提供人力的道德，文化提供技术与法律支持。

有了上面的条件，取得成功的工商业人士才能成为拥有工具的富人，没有成功的工商业人士成为体力提供者。根据经济学的公式"产品＝工具＋资源＋劳力"，当工具、资源、劳力的所有者都能全力支持产品的生产时，这一地区的经济产能将达到最优化。当我们把新工具也看成一种产品时，大量的新工具将被源源不断地生产出来。而新工具加入新的生产之中，又能产生更多优质的产品。这样，财富创造的经济要素才算齐全了，人类进入了一个经济快速发展的新时代。这就是当代经济让人们感觉到生活前所未有富足的原因。

二、弗兰西斯·培根

1. 背景

哥伦布于1492年10月发现新大陆。

1522年9月6日，麦哲伦的船只维多利亚号返抵西班牙，终于完成了历史上首次环球航行。这一系列伟大的壮举大大开阔了欧洲人的眼界，一些古希腊科学家们的认识论，如地球是球形的这样一些问题被证实了。科学的方法，或者说如何行之有效地认识世界的方法被重新提上了哲学的认识日程。

我们前面说过，形而上学是一种理论知识的系统化框架，按亚里士多德的看法，它是建立在已有的经验知识基础之上的。

经验知识的突然大规模增长，那么我们认识世界的系统化框架也要随之调整。

在培根的时代，主流形而上学系统中的范畴和逻辑形成的理论框架依然稳定，但是其对经验知识的解释能力已经到了令人难以接受的地步。

经验派哲学家培根对于传统的经验知识理论体系发起了挑战。

2.观点

（1）培根认为从已知的抽象结论中不断思辨获得的知识是有限的。中世纪经院学者的学说，在培根看来是亚里士多德哲学的"退化了的"变种。他们的著作不是从事物的实际本性中获得实质证据，而是在那里制作他们自己的想象物。他们像蜘蛛，它们生产出"学术的蜘蛛网，蛛丝和工艺的细致足可博得欣赏，但毫无实质内容或益处"[1]。

要想获得有用的新知识，就必须依靠能够增加我们经验的手段。他印象最为深刻的是伽利略对望远镜的设计和运用。他把这个事件看成天文学史上最重要的事件之一，因为它使得学术的真正进展成为可能。他说，既不应该像蜘蛛，从自己肚里抽丝结网，也不可像蚂蚁单只采集，而必须像蜜蜂一样，又采集又整理。

（2）培根把心灵视为一块玻璃或一面镜子，它被情感的自然

[1]　[美]撒穆尔·伊诺克·斯通普夫、[美]詹姆斯·菲泽著:《西方哲学史》，邓晓芒、匡宏等译，北京联合出版公司，2019年，第218页。

倾向和传统学术的谬误弄得粗糙不平。培根因此提出了四种幻象说，但是没有提出解决方案。

笔者在这里抛砖引玉，一一作解读与方案解决。

①"种族幻象"是指由不同种族之间的人性差异产生的各种偏见、情感等因素都会影响人们获取经验。

笔者的解决方案：以物标的。就是培根说的比较法，用自然物来标定自然物就可以解决"种族幻象"。例如现代医学之所以可以成立的双盲理论，就可以看成从这种比较归纳得出来的理论。再深入一点，物理学的各种单位都是由比较获得的。比如说我们不能说冷和热，几分冷几分热为科学单位，而是把水的正常气压下以沸腾设为100℃，结冰设为0℃。中间等分成100份，这就成了温度的科学表达方式。可以说我们对所有自然事物的认识方法都是以某种特定自然物为标的，而不能以个人的精神感觉或者说社会中人们的爱憎为标的。

②"洞窟幻象"是个别研究者的局限性带来的听闻的可能失效。这个比喻来自柏拉图。

笔者的解决方案：开阔眼界。洞窟幻象需要我们用一种更加开阔的眼界来认识自然界，因为每个研究者都有局限性，但对于更多的人来说，那么局限性就更小。或者从某个角度来说，如果我们能够包容所有人的认识经验，那么即使我们知道某些事件是幻想，也可以从中提取出对于我们有效的经验。例如海市蜃楼在我们很多人眼里是幻象，但从科学的角度来说，它又是一种自然幻象，而且我们认识这种自然幻象对我们是有益的。

③"市场幻象"是关乎语言影响产生的幻象。

笔者的解决方案：概念思辨。其实这是语言系统可能会给我们带来的认识偏差，语言系统的精炼和逻辑性需要形而上学的理论家对各个概念的定义进行深刻的认识，从而给我们一个更加完善的语言体系。

④"剧场幻象"是权威给我们带来的幻象。

笔者的解决方案：专业自信。对权威的观点我们应该分开来对待。在我们自己研究的领域内，如果有权威不对的地方，我们应该勇敢地挑战权威。而如果是我们非研究的领域，就应该相信权威。这样我们既避免了什么都不信，无法利用前人的知识，又避免了什么都相信，无法在自己的领域内创新。

培根的幻象假说虽然没有给我们提供具体的解决方案，但是给我们指出经验可能带来的认识偏差，这对当时急需整理、归纳新鲜经验的工商业人士来说是非常有用的知识。

3.归纳的方法

跟随当时自然科学领域获得的可靠知识，培根有理由轻视假说、演绎法这些形而上学的工具。

人们的认识就是这样，当获得经验遇到瓶颈时，人们就开始重视抽象的知识。反之，当抽象知识遇到瓶颈，而有效的经验知识可以大量增加时，人们就开始重视经验知识。

培根的科学理论不仅仅止于经验，而且有对经验确实性的实践研究，以及对经验与实验的归纳。

他的归纳法所提出的例子是发现热的本质。

第一步是编制一个我们能在其中看到热的所有例证的表，如"太阳的光"，他把这个表称为"本质与存在表"。

第二步是编制另一个表，这个表里是那些和"本质与存在表"中的情况相似，但不具有热的例子，如"月亮和星星的光"。第二个表被称为"差异表"。

第三步是编制"比较表"，希望通过分析在不同事物中发现的热的不同程度来发现热的性质。例如，烧红了的铁就比酒精的火焰要热得多，毁灭的力量也大得多。

第四步是排除，也就是动手开始做"归纳的工作"。我们试图发现某种"本质"，即凡是有热它就存在、凡是无热它就不存在的本性。热的原因是光吗？不是，因为月亮明亮却无热。这种排除的过程是培根科学方法的核心，而且他把这个过程称为"真正归纳的基础"[1]。

培根得出结论说：热本身，它的本质和精髓不是别的，就是运动。培根的方法实际上是经验与思辨的结合。

第一个填写例证的表是确实的经验归纳。

第二个"差异表"实际上是具有相类似概念的表。因为我们有相似的概念，如太阳和月亮是相类似的，所以我们会想到"月亮和星星的光"。不从已有的概念体系中寻找，而是光从经验，我们是得不出差异表的。

第三个"比较表"实际是一种思辨内容的枚举表。

第四步是排除，排除就是思辨的工作，找出概念与经验最相符的概念。

因此培根的方法表面上是反对亚里士多德形而上学体系的，但实际上是运用了亚里士多德的形而上学体系中的概念，并不知不觉中使用了思辨的方法。

4.意义

培根在经验知识大爆发的时代，鲜明地站出来反对没有实践意义、不符合工商业人士利益的形而上学理论的各种研究，站在了历史潮流之前。他把经验派哲学与文化派的亚里士多德理论结合在一起，因此可以站在更高的角度来提出经验派的哲学思

---

[1]〔美〕撒穆尔·伊诺克·斯通普夫〔美〕詹姆斯·菲泽著：《西方哲学史》，邓晓芒、匡宏等译，北京联合出版公司，2019年，第220—221页。

想，尽管他自己对此一无所知。事实上要想达到进一步指导现实的效果，经验派与文化派哲学的共同使用是不可避免的。

站在归纳的概念之上，也就是对特殊之物及其系列和秩序的简单观察中得到的规律，使他成为经验派哲学可以形成系统知识的一位现代先驱。

三、笛卡尔

1.背景

正如前面章节所言，基督教的神学可以给我们带来一种心灵的安宁，但是净化心灵的确定性是不如人意的，对上帝的虔诚没有办法用一组数据来比较。而英国当权的大法官培根顺应时代，不断推广他的经验论、归纳法，轻轻松松地就能拿出大量科学的数据，让人不得不信服，于是，一举收获大量粉丝。先进的精神派哲学家有些坐不住了。这好像又回到了2000多年前泰勒斯的米利都学派推广自然哲学，数学家毕达哥拉斯站出来，提出以数学为基础的新的可靠的精神哲学理论。

这一次又是数学家笛卡尔站出来，提出以类似数学演绎为基础的精神哲学，让我们看他如何发起对经验哲学派的挑战。

2.观点

（1）确定性。

幼小的笛卡尔在耶稣会的拉·弗来施公学学习，尽管这在当时的欧洲是最著名的学校。但是他并没有在公学的神学中发现一种方法，可以使这些真理全凭人的理性能力而达到。他所学的哲学对于这一点也没有任何更多的帮助，因为"在其中发现不了任何一个没有争端的问题和不容置疑的结论"[1]。

笛卡尔决定与过去决裂并给了哲学一个新的起点。特别是他的真理体系是从他自己的理性能力中引申出来的。

（2）数学方法。

笛卡尔把数学看作清楚精密的思维的最好例证。他写道，"我的方法包括所有把确定性给予算术规则的东西"。实际上，笛卡尔是想把一切知识都做成一种"普遍数学"。[2]

这与毕达哥拉斯说"万物都是数"，是不是非常相似呢？

当然，面对不断发展的自然科学，笛卡尔也并不否认经验现象，他把自然界的现象都看成完全受物理定律支配，只有人是由灵魂和身体相互作用。这些问题的相关基础知识都可以通过心灵的直观获得。

笛卡尔把演绎描述为"从确定知道的事实中做出的任何必然性推断"[3]。

他的知识大厦全部都置于直观和演绎的基础之上，他说："第一原理是单独由直觉给出的，而间接结论则……仅仅由演绎所提供。"[4]

笛卡尔把数学工作中定义概念的方法用在了哲学上。他花费了许多年来完成制定具体规则的任务。在其《指导心灵的规

[1] ［美］撒穆尔·伊诺克·斯通普夫、［美］詹姆斯·菲泽著：《西方哲学史》，邓晓芒、匡宏等译，北京联合出版公司，2019年，第235页。

[2] ［美］撒穆尔·伊诺克·斯通普夫、［美］詹姆斯·菲泽著：《西方哲学史》，邓晓芒、匡宏等译，北京联合出版公司，2019年，第236页。

[3] ［美］撒穆尔·伊诺克·斯通普夫、［美］詹姆斯·菲泽著：《西方哲学史》，邓晓芒、匡宏等译，北京联合出版公司，2019年，第237页。

[4] ［美］撒穆尔·伊诺克·斯通普夫、［美］詹姆斯·菲泽著：《西方哲学史》，邓晓芒、匡宏等译，北京联合出版公司，2019年，第237页。

则》中可以找到21条规则。

例如规则3，如果我们打算研究一个主体，"我们的研讨就不应当指向别人思考过的东西，也不应当指向我们自己所猜测的东西，而应当指向我们能够清楚明白地看到并可靠地推演出来的东西"[1]。这些规则倒是充满了工商业人士实用主义的气息，但是很可惜，笛卡尔只是把它作为数学方法使用的一个限制条件。

3.笛卡尔的体系

笛卡尔在哲学史上之所以如此有名气，不是因为他用数学方法来研究哲学，而是他希望能够为个人的精神认识提供一个体系。这种体系是近代社会作为独立人格所必需的怀疑精神。过去的怀疑论者，都用怀疑来否定其他学者的认识，而笛卡尔的怀疑论是建立他的精神体系的起点，笛卡尔在哲学史上最著名的篇章之一中阐述了这个论点："但我曾被说服相信在整个世界中无物存在，没有天，没有地，既没有心灵也没有任何物体，那么我不是也同样被说服了相信我不存在吗？根本不是我自己的确存在，因为是我说服我自己相信些什么东西。但是有某个欺骗者或一个另外的极强大、极狡猾者不断地在用他的足智多谋欺骗着我。那么即使在他欺骗我的时候我也无疑是存在的，并且他尽可以任意欺骗我，但只要我想到我是某种东西，他却永远不可能使我什么也不是。"[2]

笛卡尔精神体系的起点用一句话来表达就是：我思，故

[1]　[美]撒穆尔·伊诺克·斯通普夫、[美]詹姆斯·菲泽著：《西方哲学史》，邓晓芒、匡宏等译，北京联合出版公司，2019年，第238页。

[2]　[美]撒穆尔·伊诺克·斯通普夫、[美]詹姆斯·菲泽著：《西方哲学史》，邓晓芒、匡宏等译，北京联合出版公司，2019年，第240页。

我在。

我们可以对比传统哲学教科书上所说的古代精神派哲学家普罗泰戈拉的怀疑主义，实际上是一种自由主义。笛卡尔在他的基础上更进了一步，因为自由主义是随意的，而批判的怀疑可以有助于建立属于个人的自由精神体系。他的理论为近代社会现代人格的建立做出了巨大贡献。

4.成就

（1）1644年，笛卡尔在他的《哲学原理》一书中弥补了伽利略的不足。他第一个明确地指出除非物体受到外因的作用，物体将永远保持其静止或运动状态，并且还特地声明惯性运动的物体永远不会使自己趋向曲线运动，而只保持在直线上运动。他把这条基本原理表述为两条定律：一是每一单独的物质微粒将继续保持同一状态，直到与其他微粒相碰被迫改变这一状态为止；二是所有的运动，其本身都是沿直线的。他的思想对牛顿产生了一定的影响。笛卡尔的贡献在于他第一个认识到力是改变物体运动状态的原因，并首次明确地提出了动量守恒定律。

（2）笛卡尔最为世人熟知的是其作为数学家的成就。他于1637年发明了现代数学的基础工具之一坐标系，将几何和代数相结合，创立了解析几何学。同时，他也推导出了笛卡尔定理等几何学公式。

5.影响与意义

笛卡尔取得的伟大成就和他的哲学世界观是分不开的，这从一个侧面也说明了哲学的巨大作用。

人在精神世界里不但要有亚里士多德对公正的思辨、斯多葛学派普遍的神圣性认识、基督教的自律与谦逊，还需要笛卡尔提倡用来完成独立思考系统的怀疑精神。从这点上来说，笛卡尔作为近代精神哲学的开创者是实至名归的。

四、霍布斯

1.背景

1609年，西班牙国王腓力三世同联省共和国（荷兰）缔结十二年休战协定，实际上承认了荷兰的独立。

传统神学的权威在地方贵族和工商业人士的双重冲击之下摇摇欲坠。

1610年，22岁的霍布斯成为英国德文郡伯爵威廉·卡文迪什的家庭教师，此后长期为贵族们服务。他既吸收了经验派哲学家培根从简单明白的事实经验出发的优点，也吸收了精神派哲学家笛卡尔严密逻辑推理的优点，提出了一种以保护安全为理由，不再受神学与平民法律控制的贵族哲学理论。

2.观点

（1）霍布斯不希望由神权来安排现世的生活。他写道："通过世上可见的事物及它们值得赞赏的秩序，一个人可以设想有一个有关它们的原因，人们就把这个原因称之为上帝。然而在他的心中并没有一个关于上帝的观念和形象。"[1]

要想建立秩序，就要有一套人间安排秩序的方法，霍布斯把物质的和精神的事件都解释为只不过是运动中的物体而已。他说："运动就是连续不断地放弃一个位置得到另一个位置。"[2]

运动的物体通过努力进入静止物的位置而使它不再保持静

---

[1] ［美］撒穆尔·伊诺克·斯通普夫、［美］詹姆斯·菲泽著:《西方哲学史》，邓晓芒、匡宏等译，北京联合出版公司，2019年，第223页。

[2] ［美］撒穆尔·伊诺克·斯通普夫、［美］詹姆斯·菲泽著:《西方哲学史》，邓晓芒、匡宏等译，北京联合出版公司，2019年，第223页。

止状态。[1]同样，国家秩序的安排也不难。只要做到以下两点：

①在各种事件中，把人们社会生活的秩序变动的原因按霍布斯的观点进行理解。

②按霍布斯说的规则合理地安排，就可以管理国家。

（2）下面谈一谈上面的第（1）点，霍布斯认识到人们社会生活的所处位置。他认为，当一个外在于我们的物体运动起来并造成我们内部的运动时，思想的过程就开始了。人的心灵以各种方式进行活动，从感知、想象、记忆到思想。所有这些类型的精神活动基本上都是同一种活动，因为它们全都是外部运动在我们身体之中的活动的映射。

（3）接下来是谈一谈点上面的第（2）点，霍布斯认为，要想合理地管理国家，首先要了解国家形成的原因。

霍布斯描述了出现在他所谓的"自然状态"之中的人。自然状态是存在于任何国家或公民社会之前的人的状态。在这种自然状态中，所有的人都是平等的，而且他们也平等地对他们看来是他们生存所必需的东西拥有权利。

在这种状态下，霍布斯分析了人的动机。他说，每个人都有两种动力，那就是欲望和厌恶。这两个词具有和"爱""恨"这样的语词相同的含义。

能让我们生存得更好的，我们就爱，相反的那些东西我们就恨，这就是人的自然对立性。但是按霍布斯来看，世界上的好东西是有限的，运动就是要不断地放弃一个位置，从而得到另一个位置，即如果我们要生存得更好，就需要占有别人的位置。这就会产生霍布斯所说的"一切人反对一切人的战争"。不过他又

---

[1] ［美］撒穆尔·伊诺克·斯通普夫,［美］詹姆斯·菲泽著:《西方哲学史》,邓晓芒、匡宏等译,北京联合出版公司,2019年,第223页。

说，我们天生就知道战争不可取，可能只会造成两败俱伤之类的结果。因此，我们从这种天生的自然法就了解到自然法则的第一条就是每个人都应当"寻求和平、信守和平"。

人们想要获得和平，就只有放弃部分自己的权利，把这权利交给国家的管理者，和管理者按契约一起形成一个国家。

他的契约和一般认为的商业契约大不相同，而是一种类似军事的终身雇佣关系的契约。这种契约的要点在于：

①订立契约的各方是相互许诺放弃他们自己支配自己的权利，把它交给主权者，它不是主权者和公民之间的契约。主权者具有绝对的支配权，而且决不服从于公民。

②霍布斯清楚地说明，主权者要么是"这个人"，要么是"这个集体"。

（4）霍布斯讲解完国家形成的原因，就接着讲述他认为管理国家的合理规则。既然从自然法则的角度，我们一定会形成契约，而形成契约又如此需要一个主权者，那我们脱离原始状态时，现实意义的正义和道德就开始于主权者，其每时每刻的实现也依赖主权者。因此，没有先于且限制主权者行为的正义和道德原则。

霍布斯断言了这一点："制定一个好的法律是主权者所关心的事。但是，什么是好的法律？我所说的好的法律，不是指一个公正的法律，因为没有不公正的法律。"[1]

对那些认为主权者的命令违背了上帝的律法的基督徒，霍布斯没有给予任何的安慰，而是坚持认为，如果这种人不能服从

---

[1]　［美］撒穆尔·伊诺克·斯通普夫、［美］詹姆斯·菲泽著:《西方哲学史》，邓晓芒、匡宏等译，北京联合出版公司，2019年，第229页。

主权者，那么他就必须"去为耶稣基督殉道"[1]。

3.影响

霍布斯的观点对于军事贵族来说非常具有吸引力，他从贵族的角度阐明了社会契约的建立原因与维持方法。他的主要著作《利维坦》对卢梭的社会契约论影响很大。该书几个世纪以来，一直被列为领袖人物必读名著之一，被列为政治书籍之首。在19世纪的欧洲，更是为各国元首所追捧，是王室教育的基础教材，也是国王日常必读书籍之一。

霍布斯的理论对于贵族来说是合乎经验认识及逻辑的，完全可以自成系统。例如对于一个武士来说，战前签订了契约，战争时是不能逃跑或违抗命令的。不过，这种契约对于工商业人士来说有多大的约束作用就让人质疑了。一个现代社会意义的法人如果破产了，是可以不履行契约的，因此霍布斯的理论备受后来许多哲学家的质疑。

五、洛克之一：认识论

1.背景

1687年7月5日牛顿出版了《自然哲学的数学原理》。书中，牛顿阐述了其后200年间都被视作真理的三大运动定律，并定义了万有引力定律，从实践的经验中获得知识的热忱已经不可阻挡。

神学领域那些为了应对异教徒的讨论，过于抽象没有目标的形而上学的知识变得枯燥没有意义；贵族们英勇的战斗精神在日益先进的火枪和大炮面前，也变得可有可无。

---

[1] ［美］撒穆尔·伊诺克·斯通普夫、［美］詹姆斯·菲泽著：《西方哲学史》，邓晓芒、匡宏等译，北京联合出版公司，2019年，第229页。

洛克不再如培根一样把经验知识只是应用于自然科学领域，他把经验派哲学的认识扩展到精神、文化和国家秩序等各个方面，从而形成了一套较完整的经验派哲学理论体系。一直到现在，主要的工商业人士主导的国家还是在使用他的认识理论体系。

2.轶事

洛克曾谈到他的《人类理解论》，他告诉我们这本书产生于距出版差不多20年的一次经历。那一回，五六个朋友聚在一起讨论一个哲学观点，不久就陷入了无可救药的混乱，而完全没有思路来解决这些困惑我们的问题。

洛克确信这场讨论走错了方向。在我们能够谈论道德和启示宗教的那些原则以前，我们首先需要去考察自己的能力，并且看清什么样的对象是我们的理智宜于或不宜于处理的。这种限制，与笛卡尔在《指导心灵的规则》中的21条规则有异曲同工之妙。

后来，根据这种考察，洛克最后写成了他的《人类理解论》，该书成为英国经验主义的奠基之作。[1]

其实，笔者之所以要记述这件轶事，就是因为现在笔者看到国内哲学爱好者们谈到哲学，都是优先考虑"存在""永恒"这些形而上学的观念。这些观念当然是哲学上的重要问题。但是如果我们仅仅从这些抽象概念本身出发，我们可能永远不能够明白讨论参与者具体表达的实际意义，从而一无所获。讨论这些问题的出发点应该是，如果从经验中获得了共同认可的概念，我们就更容易运用逻辑，获得我们渴求的真理。

---

[1]［美］撒穆尔·伊诺克·斯通普夫、［美］詹姆斯·菲泽著:《西方哲学史》，邓晓芒、匡宏等译，北京联合出版公司，2019年，第263页。

形而上学和精神独立都很重要，但是讨论问题的时候，我们更需要从共同的经验出发，这就是洛克理论的出发点，从某个角度来说，也是笔者写这本书的出发点之一。

3.观点

（1）简单观念和复杂观念。

洛克认为观念来自经验的感觉和反省。感觉就是感知，是我们所拥有的大部分观念的巨大源泉。[1]

反省包含知觉、思考、怀疑、信念、推理、认识、意愿等心灵活动，它们所产生的观念与我们从影响感官的外部物体所获得的那些观念同样分明。因此，洛克把简单的观念归纳为感觉，把复杂的推理、怀疑之类的观念归纳为反省。他这样说："那么让我们设想心灵像我们所说的是一张白纸，不带任何记号，没有任何观念，它是如何获得那些观念的呢？它是从何处获得理性和知识的全部材料的呢？对此我用一句话来答复，那就是从经验中得来。"[2]

为什么洛克要把观念的来源归于经验，这与米利都学派要把万物的起源要归于实在的物质一样，只有把认识论归因于实在的东西，工商业人士才能万事不求人。相反，贵族派哲学家与精神派哲学家都要把知识归因于普通人认识不了的、天赋的、神圣的、永恒的东西，才能彰显他们的价值。同样地，文化派哲学家抽象的、系统化的知识也是一般人难以理解的。

---

[1] ［美］撒穆尔·伊诺克·斯通普夫、［美］詹姆斯·菲泽著：《西方哲学史》，邓晓芒、匡宏等译，北京联合出版公司，2019年，第265页。

[2] ［美］撒穆尔·伊诺克·斯通普夫、［美］詹姆斯·菲泽著：《西方哲学史》，邓晓芒、匡宏等译，北京联合出版公司，2019年，第265页。

（2）第一性的质和第二性的质。

为了说明观念的来源，洛克说物体天生就有第一性的质和第二性的质，为了说明这些观念的原因，洛克说对象具有各种性质，并且他把性质定义为"一个对象中的在我们心中产生任何观念的能力"[1]。

第一性的质是"真正存在于物体本身中的质"[2]。它是指坚固性、广延、形状、运动或静止及数量或者说一切属于对象的性质。

第二性的质在我们心中产生的观念在对象中并没有精确的对应物。[3]它是指像颜色、声音、味道和气味，它们不属于也不构成物体，而只是在我们中产生这些观念的能力。

必须说明，洛克第二性的质与牛顿、德谟克利特的观点是一致的。

德谟克利特说无色的原子是基本的实在，而颜色、味道和气味则是这些原子的特殊组合的结果。

牛顿把自然的现象解释为看不见的微小粒子的运动。

为什么要谈牛顿和德谟克利特？就是因为在现代科学中，我们各种实验获得数据最终的判定都是用这种方法。例如单位时间里通过导体任一横截面的电量的计算就可以得出电流的大小，同样地，早期电话机里传来的声音是一定频率的炭粒震动发出的。从本质上来说，物理学的计算最终要落实在细小微粒运动

[1]　[美]撒穆尔·伊诺克·斯通普夫、[美]詹姆斯·菲泽著:《西方哲学史》，邓晓芒、匡宏等译，北京联合出版公司，2019年，第266页。

[2]　[美]撒穆尔·伊诺克·斯通普夫、[美]詹姆斯·菲泽著:《西方哲学史》，邓晓芒、匡宏等译，北京联合出版公司，2019年，第266页。

[3]　[美]撒穆尔·伊诺克·斯通普夫、[美]詹姆斯·菲泽著:《西方哲学史》，邓晓芒、匡宏等译，北京联合出版公司，2019年，第266页。

对我们的影响上。

笔者观点：我们可以回忆一下笔者的自然认识假设，自然世界因各种微粒的运动而被感知。物体之所以会有坚固性或者被感知到在运动，都是因为我们与物体的相对运动。例如当我们的身体运动遇到桌子受阻时，我们就知道它具有坚固性；当桌子给我们主动的冲击力时，我们就知道它在运动；或者当桌子反射在我们视网膜的光的粒子在运动变化方位时，我们感觉到它在运动。从笔者的观点来说，洛克的第一性的质和第二性的质都是自然界微粒运动产生的性质。

（3）知识的来源。

洛克认识的主体就相当于简单观念和复杂观念，而认识的客体就相当于第一性的质和第二性的质，这两方面就构成了洛克知识的来源。相比笛卡尔把自然界的现象都看成完全受物理定律支配，而这些定律可能还没被发现。洛克的知识从可理解经验出发，让人感到了更加实用、可靠。

（4）知识的等级。

洛克把知识的来源说完之后，又把知识分成了三类，分别是直观的、推演的和感性的。

这种分类主要是从可靠性上来区分的，他在笛卡尔的直观和演绎上，又增加了感性的知识，这样就可以从经验上解释为什么我们会有错误的观念，而这一点是笛卡尔没有的。洛克认为直观的知识是直接性的，不会让人怀疑的。[1]

推演的知识出现在我们的心灵试图通过唤起对另外一些观

---

[1] ［美］撒穆尔·伊诺克·斯通普夫、［美］詹姆斯·菲泽著：《西方哲学史》，邓晓芒、匡宏等译，北京联合出版公司，2019年，第267页。

念的注意来发现某些观念间的一致或不一致的时候。[1]同时，洛克又认为，推演是知觉的一种类型，它引导心灵获得对某些形式的存在着的实在的知识。

感性的知识不是严格意义上的知识，它只是以知识的名义出现而已。[2]既然经验只是让我们觉察到那些性质，所以我们对这些性质之间的关联是没有把握的。

洛克的知识等级理论是希望建立一种经验上的形而上学知识，对经验获得的知识进行有效的思辨。

4.影响与意义

洛克的知识理论包括精神主体、自然客体及形而上学，是一套比较完整的经验派哲学认识理论。

在自然科学不断发展、新的认识工具不断扩展、认识能力不断提升的现代社会，洛克的哲学理论有助于我们不断归纳、总结新的经验知识，而不是止步并徘徊在一些神圣、永恒的抽象概念上。

他打开了一个思路，就是从有限的经验认识上，通过不断的抽象推演获得可靠的知识体系。而不是从神圣或伟大的梦想出发，来研究我们如何组织现有知识。

六、洛克之二：道德和政治理论

1.背景

洛克作为经验派哲学家提出道德与政治理论是罕见的，一般来说，贵族派哲学家最喜欢讨论道德与政治理论。

---

[1]［美］撒穆尔·伊诺克·斯通普夫〔美］詹姆斯·菲泽著:《西方哲学史》，邓晓芒、匡宏等译，北京联合出版公司，2019年，第267页。

[2]［美］撒穆尔·伊诺克·斯通普夫〔美］詹姆斯·菲泽著:《西方哲学史》，邓晓芒、匡宏等译，北京联合出版公司，2019年，第268页。

在他之前的各个时代里，工商业不够发达，经验派哲学家大多数没有参加道德与政治讨论的兴趣；在他之后的时代里，工商业人士中的富人成了多数贵族派哲学家、精神派哲学家共同声讨的对象。恰恰在洛克生活的时代，新兴的工商业人士群体需要与贵族、教士们达成共识，共同组建一个包容的新型均衡社会。

2.观点

（1）洛克的道德理论。

洛克认为我们追求道德就是在追求"善"，他说："事物是善的还是恶的只涉及愉快或痛苦。我们称之为善的那种东西容易引起或增加愉快，或是减少我们的痛苦。"[1]

接着他说了善恶的标准，他说："道德上的善或恶因而就只是我们的自愿的行为与某种法则的一致或不一致。"[2]

他谈到了三种法则，即意见的法则、国民的法则和神的法则。

意见的法则代表了一个社会对什么样的行动将导致幸福所作的判断。符合这条法则的就叫作个人的善（virtue），虽然必须注意不同的社会对于善所包含的东西有不同的观念。

国民的法则是由全体国民建立起来的，并且由法庭强制施行。这条法则倾向于遵循第一条法则，因为在大多数社会中法庭施行的这些法则都体现了人民的意见。

神的法则是我们要么通过自己的理性，要么通过启示而可以知道，它是人的行为的真实的法规。从长远看，意见的法则

---

[1]　[美]撒穆尔·伊诺克·斯通普夫、[美]詹姆斯·菲泽著：《西方哲学史》，邓晓芒、匡宏等译，北京联合出版公司，2019年，第268页。

[2]　[美]撒穆尔·伊诺克·斯通普夫、[美]詹姆斯·菲泽著：《西方哲学史》，邓晓芒、匡宏等译，北京联合出版公司，2019年，第268页。

和国民的法则都应当与神的法则这个"道德正直的试金石"相一致。[1]

与洛克的认识观相结合,我们可以知道意见的法则实际上通过我们现实感性的经验获得,国民的法则是通过共同的推演等方法获得,神的法则是直观的理性必然得出的认识。

(2)自然权利。

因为我们每个人生活的目标都是追求善或说增加愉快,这就反驳了霍布斯所认为的:在自然状态下,每个人都毫不留情地为确保他们的安全而无所不为[2],这样我们也不会陷入霍布斯所说的"一切人对一切人的战争"。

我们的自然权利就是我们追求善或增加愉快的天赋。他说:"理性就是那样的法则,它教导一切唯愿听从理性的人类,一切人都是平等和独立的,没有人有权损害另一个人的生命、健康、自由和财产。"[3]

因此我们建立国家的目标就是共同保卫生命、健康、自由和财产。其中财产是对每个人的幸福都有用的,因此特别容易引起纠纷,所以我们要特别保护财产权。笔者举一个例子:一个人可以杀死另外一个人,但他除了经过危险的搏斗以外获得不了任何好处,但如果是为了财产,那么不少人会愿意冒搏斗的危险,去杀死其他人。因此保卫财产权是国民政府的一项主要的工作,这样才能预先制止大多数可能的纷争。

---

[1] [美]撒穆尔·伊诺克·斯通普夫、[美]詹姆斯·菲泽著:《西方哲学史》,邓晓芒、匡宏等译,北京联合出版公司,2019年,第269页。

[2] [美]撒穆尔·伊诺克·斯通普夫、[美]詹姆斯·菲泽著:《西方哲学史》,邓晓芒、匡宏等译,北京联合出版公司,2019年,第226页。

[3] [美]撒穆尔·伊诺克·斯通普夫、[美]詹姆斯·菲泽著:《西方哲学史》,邓晓芒、匡宏等译,北京联合出版公司,2019年,第269页。

（3）主权。

我们知道霍布斯授予君主主权是为了制止人对人的敌对状态，这个目标是明显的、永远不变的，因此必须授予主权者永远的权力。但作为经验派哲学家的洛克认为国家形成的目标是为了保卫人们的健康、自由与财产，人们的健康、自由与财产的要求都是在不断改变的。比如说我们应对不同的问题时，我们就需要不同的方案，没有一个人的思想可以在所有时代正确地应对所有的问题，因此主权者必须不断进行人员的更换以适应现实的社会问题。

洛克承认必须有一个至高无上的权力，但他小心地把这个权力置于立法机关的手中，实际上也就等于置于大多数人的手中。他强调分权的重要性，主要是为了保证执法和司法者不要也来制定法律，因为他们也许会使自己免于服从他们所制定的法律，并在立法和执法过程中让法律服务于他们的私利。[1]

他认为立法的权力是由一种委托的信托权力。所以在人民手中还保有一种至高无上的权力来撤销或变更立法者，如果他们发现立法者的行为与被寄托于他的信任相冲突的话。[2]

应该说，洛克最终把撤销立法者权利交到人民手中，是一种工商业人士遇到奸商后，撤销合同的通用做法，这个做法保护住了财富生产者与交换者们最后的底线。

（4）分权均衡说。

洛克在亚里士多德把立法的议事、司法的审判与政府的行政权力划分开来的基础上，提出政治的立法、行政和司法几种

---

[1] ［美］撒穆尔·伊诺克·斯通普夫、［美］詹姆斯·菲泽著：《西方哲学史》，邓晓芒、匡宏等译，北京联合出版公司，2019年，第270—271页。

[2] ［美］撒穆尔·伊诺克·斯通普夫、［美］詹姆斯·菲泽著：《西方哲学史》，邓晓芒、匡宏等译，北京联合出版公司，2019年，第271页。

职权应分离之说。

不过，他又认为立法机关具有至高无上的权力，因此最后对它的制衡就变得非常困难。

罗素说："约制与均衡说的历史很有趣。在它的发祥地英国，是打算拿它来限制国王权力的，因为国王在革命以前向来完全控制行政部门。可是，逐渐行政部门成了依属国会的部门，因为一个内阁若没有下院中多数的支持，便不可能继续下去。这样，行政部门虽形式上不然，实际上成了国会选定的一个委员会，结果是立法权和行政权渐渐越来越不分。过去50来年中间，由于首相有解散国会之权以及政党纪律日益严格化，出现又一步发展。现下国会中的多数派决定哪个政党执政，但是既决定这点之后，国会实际上不能再决定别的任何事情。动议的法案只要不是由政府提出的，几乎没有成立过。因而，政府又是立法部门又是行政部门，它的权力不过由于是必要有大选才受到限制。当然，这种制度跟洛克的原则完全背道而驰。"[1]

洛克的分权主义得到了最充分应用的国家是美国。在美国，总统和国会是彼此完全独立选举产生的，分别掌握行政与立法权，最高法院又独立于总统和国会以外。这种结构才真正做到了洛克自己主张的均衡与制约。

3.意义与影响

洛克的认识论、道德论和政治理论一脉相承，形成了一个庞大的经验派哲学认识体系。其中内容不像其他流派哲学家一样惊世骇俗，给人印象深刻，但是实际上对我们产生了潜移默化的认识影响。

---

[1]　［英］罗素著：《西方哲学史（下卷）》，何兆武、李约瑟译，商务印书馆，1963年，第187页。

在实践和理论两方面，他主张的意见在以后许多年间都为有魄力威望的政治家和哲学家们所奉从。他的政治学说，加上孟德斯鸠的发展，深深地留在美国宪法中，每逢总统和国会之间发生争论，就看得见这学说在起作用。英国宪法直到大约50年前为止，拿他的学说作基础，1871年法国人所制定的那部宪法也如此。[1]

实际上一个国家要走工商文明的道路，就一定要把洛克的理论作为基础理论之一来研究。

七、斯宾诺莎

1.背景

路德在1517年10月31日以学术争论的方式在维登堡城堡大教堂的大门上张贴出了"欢迎辩论"的《九十五条论纲》，这标志着传统神学改革的开始。这种改革有路德教派一样从神学内部做出的变革，也有斯宾诺莎这样的，从哲学的观点出发，对神学理论做出系统的改进。

2.观点

（1）实体与属性。

实体的概念最早还是巴门尼德对概念提出的一种设想，斯宾诺莎希望通过实体这种抽象概念的运用，如几何学与新兴的物理学一样，建立起一套体系解释现实世界。

与笛卡尔一样，斯宾诺莎认为我们遵循几何学的方法就能获得有关实在的精确知识。笛卡尔制定了这种哲学方法的基本形式，他从清楚分明的那些第一原理出发并试图从中推演出

---

[1]　[英]罗素著:《西方哲学史（下卷）》,何兆武、李约瑟译,商务印书馆,1963年,第145页。

全部知识内容。斯宾诺莎对笛卡尔的方法所增添的东西是对各种原理和公理的一个高度系统化的整理。如果说笛卡尔的方法是简单的，那么斯宾诺莎则几乎是打算写出一部地地道道的哲学几何学，就是说，一整套完备的公理或定理（大约共有250条）。[1]

斯宾诺莎通过一系列复杂的推论得出之所以有事物是实在的，就是因为其是单一的实体，他把实体定义为"在本身中并且通过本身而被设想的东西，我指的是这样一种东西，它的概念的形成不依赖于对任何其他事物的设想"[2]。

因此，实体存在的原因是自身中具有自身的原因，而不是任何其他，可以不尽追溯的原因。

斯宾诺莎说属性是"被理智理解为构成实体的本质的东西"[3]，斯宾诺莎的特殊思想就是围绕着实体和实体的属性这两个概念而展开的。

（2）上帝。

斯宾诺莎非常敏锐地发现传统神学知识的有限性和不包容性，他试图通过一种对无限知识领域的包容，来为上帝提供哲学定义，以回应人们日益增长的经验知识。他说："不论什么都在上帝中，而且任何东西都不可能在上帝之外存在或被设想。"[4]他

[1]［美］撒穆尔·伊诺克·斯通普夫、［美］詹姆斯·菲泽著:《西方哲学史》，邓晓芒、匡宏等译，北京联合出版公司，2019年，第245页。

[2]［美］撒穆尔·伊诺克·斯通普夫、［美］詹姆斯·菲泽著:《西方哲学史》，邓晓芒、匡宏等译，北京联合出版公司，2019年，第246页。

[3]［美］撒穆尔·伊诺克·斯通普夫、［美］詹姆斯·菲泽著:《西方哲学史》，邓晓芒、匡宏等译，北京联合出版公司，2019年，第246页。

[4]［美］撒穆尔·伊诺克·斯通普夫、［美］詹姆斯·菲泽著:《西方哲学史》，邓晓芒、匡宏等译，北京联合出版公司，2019年，第246页。

还对上帝概念进行了独一无二的定义："上帝，我理解为一个绝对无限的存在，就是说，一个包含无限属性的实体，这些属性中的每一个都表达了永恒无限的本质。"[1]他认为如果上帝被定义为一个由无限属性所构成的实体，那么上帝的本质就会有无限多的方面了。然而，由于我们是从人类的有限视角来考察上帝的，所以我们只能理解上帝这一实体的两种属性，即思维和广延。[2]

斯宾诺莎通过强调上帝和人之间的根本统一性而不是它们之间的关系，而剥除了以往意义的上帝观念。

（3）世界的必然性。

斯宾诺莎确立的只有一个实体，并且"上帝"这个词和"自然"这个词是可以互换的。

为此他采用了两个表达方式，即创造自然的自然和被自然所创造的自然。第一个所谓创造自然的自然是指上帝中的能动与生命的原则，有了这个原则，他就能通过他的各种属性的活动而产生变化。[3]

斯宾诺莎所说的那个伴生的概念——被自然所创造的自然，则是一个被动的概念，指的是上帝已经创造了的东西。这个关于上帝的被动概念中包含了世界上存在的一切样式或特性，包括静止和运动等普遍自然规律，以及石头、树木、人等单个

[1] ［美］撒穆尔·伊诺克·斯通普夫、［美］詹姆斯·菲泽著:《西方哲学史》，邓晓芒、匡宏等译，北京联合出版公司，2019年，第246页。

[2] ［美］撒穆尔·伊诺克·斯通普夫、［美］詹姆斯·菲泽著:《西方哲学史》，邓晓芒、匡宏等译，北京联合出版公司，2019年，第246页。

[3] ［美］撒穆尔·伊诺克·斯通普夫、［美］詹姆斯·菲泽著:《西方哲学史》，邓晓芒、匡宏等译，北京联合出版公司，2019年，第247页。

事物。[1]

由于一切都是上帝所创，并且上帝就在一切自然之中，因此一切事物都受着一种绝对的逻辑必然性支配。在精神领域中既没有所谓自由意志，在物质界也没有什么偶然。

这样一切自然知识都可以用斯宾诺莎的方法来进行逻辑推论，并获得论证也就成了必然。

有一位批评者说按照斯宾诺莎所讲，万事皆由神定，因而全是善的，那么，他愤愤地问尼禄竟然杀死母亲，这难道也善吗？莫非说亚当吃了苹果也叫善？斯宾诺莎回答这两件行为里肯定性的地方是善的，只有否定性的地方恶；可是只有从有限创造物的眼光来看，才存在所谓否定。唯独神完全实在，没有否定，因此我们觉得是罪的事当作整体的部分去看它，其中的恶并不存在。[2]

斯宾诺莎的意思是，既然一切都符合逻辑，那么一切善恶也只是一种自然。举个例子，洪水对我们来说是"恶"的，但是它的形成条件、运行规律都是符合自然规律的，因此它只是针对我们个人来说是"恶"的，而对于自然本身来说，它是符合逻辑的并非"恶"的。那我们为什么具有善恶的认识呢？斯宾诺莎认为，作为其本性的一部分，所有人都具有继续和保持他们自己的生存的动力。[3]如同斯宾诺莎说的"我在这里用善来理解各种愉快，不论它是由什么导致的，尤其用来理解那种满足我们的强

---

[1]　［美］撒穆尔·伊诺克·斯通普夫、［美］詹姆斯·菲泽著：《西方哲学史》，邓晓芒、匡宏等译，北京联合出版公司，2019年，第247页。

[2]　［英］罗素著：《西方哲学史（下卷）》，何兆武、李约瑟译，商务印书馆，1963年，第102—103页。

[3]　［美］撒穆尔·伊诺克·斯通普夫、［美］詹姆斯·菲泽著：《西方哲学史》，邓晓芒、匡宏等译，北京联合出版公司，2019年，第249页。

烈愿望的东西，不论它会是什么。我用恶来理解各种痛苦，尤其用来理解那种阻碍我们的愿望的东西"。这就不存在固定的善或恶。当我们愿望某物时我们就把它称为善的，而当我们讨厌某物时就把它称为恶的。[1]

（4）实在本性的认识。

如何获得实在本性的知识，斯宾诺莎区分了知识的三个层次：①想象，②推理，③直观。

在想象的层次上，我们的观念导源于感觉，就像我们看到另一个人时那样。[2]

知识的第二个层次超越想象而达到了推理，这就是科学的知识。每个人都可以分有这种知识，因为这正是凭借分享实体的属性，即上帝的思维和广延才成为可能的。[3]

第三个层次，也是最高的知识层次就是直观。通过直观我们可以把握自然的整个体系。一旦我们达到这一层次，我们就获得了越来越多的对上帝的意识，并从此更为完善和有福，因为通过这种眼光我们把握到了自然的整个体系，并看到了我们自己在其中的位置。[4]这给我们带来一种对自然即上帝的完满秩序的理解的爱恋。这与洛克把知识分成三类，即直观的、推演的和感性的十分接近。可以说，当时的哲学家们都把那些不证自明的几何

[1]　［美］撒穆尔·伊诺克·斯通普夫、［美］詹姆斯·菲泽著:《西方哲学史》，邓晓芒、匡宏等译，北京联合出版公司，2019年，第249页。

[2]　［美］撒穆尔·伊诺克·斯通普夫、［美］詹姆斯·菲泽著:《西方哲学史》，邓晓芒、匡宏等译，北京联合出版公司，2019年，第248页。

[3]　［美］撒穆尔·伊诺克·斯通普夫、［美］詹姆斯·菲泽著:《西方哲学史》，邓晓芒、匡宏等译，北京联合出版公司，2019年，第248页。

[4]　［美］撒穆尔·伊诺克·斯通普夫、［美］詹姆斯·菲泽著:《西方哲学史》，邓晓芒、匡宏等译，北京联合出版公司，2019年，第248页。

学、物理学的公设看成直观的，而且这些公设应当作为认识体系的基础，而且只有这些直观的公设被抽象出来，整个认识体系才是有效的，而且才会具有一种数学公式特有的优美结构。

3.意义

斯宾诺莎把上帝与自然看成同一的，把自然神论的系统化，成为自然认识与基督教神学结合的思想先驱，就如阿那克萨戈拉当年把理性赋予自然的一切事物一样，这有助于我们探求自然之中的内在规律。同时他排除了个人善恶观点对知识选择性的研究，为寻求自然符合逻辑的科学规律提供理论支持。同时，将上帝与自然看成同一，在《圣经》中确实有所依据，《圣经》对上帝的这些描述中有泛神论的暗示。[1]因此，斯宾诺莎对神学进行探讨，提出自己的观点，虽然与主流观点不符，但也是一种合理的探讨，可以说为神学适应经验知识爆炸的时代做出了自己的贡献。

八、卢梭

1.身世背景

卢梭在哲学史上是一个十分独特的人物，从来没有一个伟大的哲学家像他一样人生坎坷多难。因母亲早逝、父亲离家出走，他从小在姑妈家长大，而后又小小年纪四处流浪，最后幸得一位贵妇华伦夫人的收留。

在卢梭所处的时代，传统贵族们的技艺和美德都无法让他们在战斗中取得胜利，贵族们只要拥有更多的金钱、雇用更多的军队、购买更多的武器就可以获得威名，因此，贵族与富人前

---

[1] ［美］撒穆尔·伊诺克·斯通普夫、［美］詹姆斯·菲泽著:《西方哲学史》，邓晓芒、匡宏等译，北京联合出版公司，2019年，第246页。

所未有地紧密结合在一起。

卢梭就代表着日益贫穷的传统贵族中的精英，是一个类似苏格拉底的人物。

2.成名经历

卢梭38岁时，他知道第戎科学院（the Academy of Dijon）就"艺术与科学的复兴是否有助于敦风化俗"在进行征文。卢梭运用他丰富的知识和广博的见闻，在应征论文中发表了他的主张。他认为，科学、文学和艺术是道德的最恶的敌人，而且由于让人产生种种欲望，还是奴役的根源，因为像美洲蛮人那种一直裸体的人，锁链如何加得上身？他赞成斯巴达，反对雅典。[1]

他特别仰慕莱库格斯的成就。卢梭和斯巴达人一样，把战争中的胜利看成价值的标准，可是他仍旧赞美那些"高贵的蛮人"，虽然老于世故的欧洲人在战争中是打得败他们的。

他认为，科学与美德势不两立，而且一切科学的起源都卑鄙。天文学出于占星术迷信；雄辩术出于野心；几何学出于贪婪；物理学出于无聊的好奇；连伦理学也发源于人类的自尊。教育和印刷术可悲可叹；文明人以别于未化蛮人的一切一切全是祸患。

卢梭凭这篇论文获得了奖金，骤而成名，便照论文中的处世法生活起来。他采取了朴素生活，把表卖掉，说他不再需要知道时刻了。[2]

文章中卢梭猛烈抨击了工商业人士创造的舒适生活、文人们创造的文化艺术体系，甚至神学家们的原罪理论。因为这一切

---

[1]［英］罗素著:《西方哲学史（下卷）》,何兆武、李约瑟译,商务印书馆,1963年,第248页。

[2]［英］罗素著:《西方哲学史（下卷）》,何兆武、李约瑟译,商务印书馆,1963年,第248—249页。

吸引普通人的伟大成果，武士们似乎是没有直接贡献的。从武士发展起来的贵族集团十分认可卢梭的观点，他们希望大众可以承认卢梭的观点，那就是这个国家里看似野蛮无用的军人，其实是国家最大的贡献者，而且是传统美德的传承者。于是卢梭获得了丰厚的奖金与巨大的名声。但是卢梭不喜欢的并非哲学与科学本身，他对培根、笛卡尔和牛顿都极为崇敬，认为他们是人类的伟大导师。事实上，培根、笛卡尔和牛顿在当时贵族们眼中是文化界的王者。

卢梭说："人类学术之光荣丰碑，其树立之任，唯少数人可当之。"[1]他不喜欢的是哲学与科学的伪现代权威，很多科学院的院士往往是无所建树与创新的逢迎市侩之辈，自居于某些伟大学者的门徒之位，然后对大学者们的思想稍作改动，就敢自称开宗立派。这些院士大家们就是卢梭所讨厌的不学无术的假道学。

3.《社会契约论》

卢梭不只从表面上反对现代工商业对传统贵族道德的影响，而且还建立了自己的一套体系，如霍布斯、培根一样，从人的自然状态来解释现代社会的各种现象及社会不平等的起源。

卢梭在他最著名的《社会契约论》的开头，就是这样一句名言：人生而自由，但无往不在枷锁之中。他接着说："这个变化是怎么发生的？我不知道。这个变化为什么是合理的？这才是我认为自己能够回答的问题。"[2]

卢梭认为，在自然状态中，人们的所作所为是发自一种自然

---

[1] ［美］撒穆尔·伊诺克·斯通普夫、［美］詹姆斯·菲泽著:《西方哲学史》，邓晓芒、匡宏等译，北京联合出版公司，2019年，第296页。

[2] ［美］撒穆尔·伊诺克·斯通普夫、［美］詹姆斯·菲泽著:《西方哲学史》，邓晓芒、匡宏等译，北京联合出版公司，2019年，第297页。

情感，这种情感使动物都知道要自我保持，而在人群中，它则受理性和同情心的引导而产生人性和美德。相反，当人们发明社会契约，进入当时的工商业文明社会时，他们也发明了种种恶行，因为现在人们的所作所为是发自一种在社会中产生的非自然情感，这种情感使得他们都想更充分地成就自己，而超过一切他人。而且这种情感在人们当中激起了他们无休止地加诸彼此的一切邪恶，其中包括追逐名利的激烈争斗，也包括嫉妒、敌意、虚荣、傲慢和轻侮。[1]这就是卢梭对工商业人士批评的着眼点，也就是工商业人士在竞争中都想超越其他一切人，成就自己。很多工商业人可能对这种批评嗤之以鼻，因为自由竞争使得工商业文明取得了人类前所未有的进步。

但是我们是否可以从另外一个角度来看待工商业文明，那就是我们要进行竞争的是产品与技术，而不应该把这种竞争放在人们的感情领域，正是这个领域让我们产生了嫉妒、敌意、虚荣、傲慢和轻侮，而这才是卢梭批判的。

卢梭认为，要实现人们的天然的自由，就需要找到一种联合的方式，既能举众人之力来保卫每个成员的人身和利益，又能使其中的每个人在与他人联合之际，仍然只服从他自己。[2]

社会契约的实质，照卢梭看来，就在于我们每个人都一致把自己的人身和全部权利置于公意的最高指导之下，并在我们共同的容纳范围内，把每个成员都接受为一个整体的不可分割的

---

[1]　［美］撒穆尔·伊诺克·斯通普夫、［美］詹姆斯·菲泽著：《西方哲学史》，邓晓芒、匡宏等译，北京联合出版公司，2019年，第297页。

[2]　［美］撒穆尔·伊诺克·斯通普夫、［美］詹姆斯·菲泽著：《西方哲学史》，邓晓芒、匡宏等译，北京联合出版公司，2019年，第297页。

一部分。[1]

卢梭还认为，所有公民都应该平等地参与立法，法律哪怕由代表来制定也是不行的，因为即使人们愿意，他们也不可能放弃自己所拥有的这一不可交换的权利。可是因为现代社会规模不断增大，结构也日趋复杂，卢梭在他的时代已经看到了这个发展趋势，他提出那些实现正义社会的假设和条件，看来更多的是具有一种理想的色彩，而只是一种理论上的先行者的设想。[2]

4.意义与影响

为了恢复传统的美德与秩序，卢梭所选择的榜样是在传统武士们之间的权力平等的自然状态，在过去的历史里，确实在斯巴达曾经实现过这种天然的武士间的平等与自由，不过那是以斯巴达的奴隶制为基础的，奴隶们担当着工商业人士的部分社会职能。

他对于工商业思想家们的启蒙运动之所以会产生冲击，是因为他对工商业文明初期把人格等同于商品价值，而产生嫉妒、敌意、虚荣、傲慢和轻侮的批判。

要实现工商业文明的继续发展，就需要一种在精神世界内理性看待财富的浪漫主义精神，把财富看成一种外在的东西才能实现人的精神平等，这样的工商业文明才会具有凝聚力和战斗力。

卢梭就是这种浪漫主义运动的先驱，这让他成为法国大革命的精神导师，他的精神鼓舞了法国大革命。伟大的德国哲学家伊曼努尔·康德十分崇敬卢梭，将其画像挂在了自己书房的墙

---

[1] ［美］撒穆尔·伊诺克·斯通普夫、［美］詹姆斯·菲泽著:《西方哲学史》，邓晓芒、匡宏等译，北京联合出版公司，2019年，第297页。

[2] ［美］撒穆尔·伊诺克·斯通普夫、［美］詹姆斯·菲泽著:《西方哲学史》，邓晓芒、匡宏等译，北京联合出版公司，2019年，第299页。

上，深信卢梭就是道德领域里的牛顿。

九、贝克莱

1.背景

在贝克莱所处的时代，世界当时最强大的英国已经在奉行以洛克为代表的经验派哲学，这种影响随着英国势力的扩张不断蔓延向世界。

在毕达哥拉斯的时代，只有数学这种抽象的知识是确切不可改变的，因此精神派理论力压经验派理论，但在贝克莱所处的时代，物理学、化学这些从经验抽象而来的知识也一样精确有效。

精神派哲学家开始批判经验派哲学的"存在"基础，贝克莱因为那令人震惊和带有挑衅性的公式"存在就是被感知"而留名哲学史。哲学史上很多人把他看成经验主义者，这是一个让人震惊的看法。因为贝克莱完全是在讽刺与否定经验、宣扬神学，只是从经验的不稳定性论证神学的合理性。

2.观点

（1）存在就是被感知的推演。

我们来看看贝克莱的代表作《海拉斯和斐洛诺斯的三篇对话》里面的经典内容。

书中，海拉斯讲了几句亲切话以后说，关于斐洛诺斯的见解，他听闻一些奇怪的传言，意思是讲斐洛诺斯不信有物质实体。他高叫道："难道还有什么能够比不相信物质这种东西不存在更荒诞离奇、更违背常识，或者是比这更明显的一套怀疑论吗？"

斐洛诺斯回答说，他并不否定可感物的实在性。换句话说，不否定由感官直接感知的东西的实在性，但是我们并没看见颜色的起因，也没听到声音的起因。感官是不作推论的，关于这点两人意见一致。斐洛诺斯指出：凭看，我们只感知光、色和形状；凭听，只感知声音；如此等等。所以除各种可感性质而外没有任何可感的东西，而可感物无非是一些可感性质，或是种种可感性质的组合罢了。[1]

笔者解释：这段话比较好理解，意思是表面的可感物具有的实在性，都是被感知性质或是种种可感性质的组合罢了，所以才被认为是存在的。

接下来，海拉斯继续说各种主性质，特别是形式和运动，却是外界的无思维实体固有的。对这点斐洛诺斯回答说物体离我们近时显得大，离远时显得小，而某个运动可能在这人看来觉得快，那人看来觉得慢。[2]

笔者解释：这段话中，斐洛诺斯说明了形式并不是物体固有的，而是随感官变化的。

说到这里，海拉斯企图改弦更张，换一个新方针。他说他犯了错误，没把对象和感觉区别开；"感知"这件行为他承认是属于心的，但是所感知的东西不然，例如颜色在心以外某个无思维的实体中有实在存在。对这点斐洛诺斯回答："所谓感官的什么直接对象，即什么表象或诸表象的组合存在于无思维的实体内，换句话说存在于一切心的外面。这话本身就是一个明显的

---

[1]　［英］罗素著：《西方哲学史（下卷）》，何兆武、李约瑟译，商务印书馆，1963年，第199页。

[2]　［英］罗素著：《西方哲学史（下卷）》，何兆武、李约瑟译，商务印书馆，1963年，第201页。

矛盾。"[1]

笔者解释：贝克莱在这里的意思是，存在于实体之内而存在于心之外的东西，被心灵感知到是不符合逻辑的。

举一个例子，一个物体在手心之内被手心感知才是合逻辑的，如果你说在手心之外，被你的手心感知到了某物，那就是不合逻辑，因此贝克莱说只有存在于心灵之内时，心灵里才会感知。

（2）上帝及事物的存在。

贝克莱没有真的否定事物的存在或它们在自然中的秩序，而是把它们归为上帝。

贝克莱认为："当我否定可感事物在心灵之外的存在时，我指的并不是我这个特殊的心灵，而是一切心灵。现在很清楚，它们有一个在我的心灵之外的存在，因为我通过经验发现它们是独立于我的心灵的。因此在我没有感知它们的这段时间中，就有它们存在于其中的另外的心灵。"[2]

在这里贝克莱假装自己完全从经验论者的观点出发来讨论问题，让经验论者难以辩驳。但实际上，贝克莱没有讨论独立于心灵存在的其他心灵的具体被感知经验。举一个例子：对同一张桌子，大人和小孩认为它的轻重是不一样的，因此他的理论的逻辑性到此为止。

后面，他得出结论说："就有一个无所不在的永恒的心灵，他知道和理解一切事物，并以这样一种方式，即按照他自己制定的这样一些规律把它们显示在我们的眼前，这些规律被我们称之为自然法则。"最后一招，贝克莱虽然很自然地得出了神学方

[1] ［英］罗素著：《西方哲学史（下卷）》，何兆武、李约瑟译，商务印书馆，1963年，第201页。

[2] ［美］撒穆尔·伊诺克·斯通普夫［美］詹姆斯·菲泽著：《西方哲学史》，邓晓芒、匡宏等译，北京联合出版公司，2019年，第275页。

面的结论，但其证明比起他的前辈要大为逊色。[1]

3.影响

自从贝克莱的《海拉斯和斐洛诺斯的三篇对话》这本书面世之后，洛克的第一性的质和第二性的质提法就不再被人们重视了。

贝克莱"存在即被感知"的观点，从个人的角度来说并没有什么问题，就从洛克的经验派观点来看，如果没有感知外部世界，同样不可能获得经验。从这一视角来说，感知是经验更基础层次的精神体验，这也是为什么有人说贝克莱是经验派哲学家。

只是对于一般人来说经验是可以归纳、抽象的，而感知更加飘忽而没有确定性。

笔者解释：经验之所以有比感知更大的确定性，是因为我们可以用多方面的感知来确定经验，例如我们看到一个镜子中的自我，这只是视觉感官中的自我，我们可以用手去碰触镜子中的自我，来确定我们的视觉，只有视觉、触觉等感性知觉，同时获得的感官认识，才是我们经验确认的感官认识。这也就是我说感官是经验的更基础层次精神体验的原因。

贝克莱理论真正的厉害之处在于它动摇了我们对外部世界实在性的信念，外部经验的源泉变得可能存在，也可能不存在。在贝克莱之后，"存在"问题成了各类学者质疑经验论哲学的理论出发点之一。

---

[1]　［美］撒穆尔·伊诺克·斯通普夫，［美］詹姆斯·菲泽著：《西方哲学史》，邓晓芒、匡宏等译，北京联合出版公司，2019年，第275页。

十、休谟

1.背景

前面一节讲过贝克莱从感知这种经验更基础层次的精神体验来论证了经验论"存在"基础并不可靠，但这种不可靠，只是一种存疑的观点，而并不影响洛克的经验派哲学体系，

休谟也如贝克莱一样以经验为出发点讨论经验主义，不过他是从经验论不可能存在因果逻辑关系这一论点出发，从而动摇了经验主义大厦的基础。

2.观点

（1）印象和观念。

休谟认为印象和观念构成了心灵的全部内容。

思想的原始素材就是印象（感觉或情感），而观念则只是印象的摹本。在休谟看来，一个印象和一个观念的区别只是它们的鲜明程度不同而已。原始的知觉就是印象，如当我们听、看、触、爱、恨、欲求和意愿时，[1]观念则只是印象的摹本。当我们思考这些印象时，我们就有了关于它们的观念，比如我们印象中有金子和山，如果我们思考这两个印象，就会有金山这个观念。对比洛克把简单的观念归纳为感觉，复杂的推理、怀疑之类的观念归纳为反省。

休谟的印象与洛克的感觉两者差不多，休谟把观念看成印象的摹本，这本身已经假定了观念只是一种个人精神主观的认识。而洛克是把感觉本身来做推理、怀疑之类的反省。

这样，休谟认识到观念必然有主观个人的认识因素，是摹本而不再是本身，从而出现了经验主义所谓客观经验的主观认识

---

[1] ［美］撒穆尔·伊诺克·斯通普夫［美］詹姆斯·菲泽著:《西方哲学史》，邓晓芒、匡宏等译，北京联合出版公司，2019年，第278页。

漏洞。

（2）因果性。

既然观念只是我们思考的摹本，那我们从一个观念联想到另外一个观念时，就只是我们个人的意识在活动，而不可能是什么确实的因果关系。休谟于是问什么印象给了我们因果性观念。他的回答是并没有与这个观念相应的印象。[1]

经验只能提供给我们两种关系：

①接近关系，因为A和B总是紧密靠在一起的；

②先后关系，因为A这个"原因"总是先于B这个"结果"的。

例如对氧气无论观察多少次都不能告诉我们当它与氢混合时就必然会给我们带来水。我们知道这一点只是在我们看到它们在一起之后，我们能够从一个对象推断出来另一个对象的存在，这只是通过经验。

休谟要把因果关系当作一种可感知的实体，并找出它具体给人印象的片段，这在感知方面来说是不可能实现的。

休谟从经验主义视角出发把精神思考看成经验的存在，真实情况是因果性确实是从精神思考中抽象出来的有效概念，而且在亚里士多德之前，没有哲学家能够为因果性进行清晰的定义，这就是一个明证。

3.影响

休谟把因果性本身看成一种经验的片段来讨论因果性，从而得出了因果性的不可能，最终推出从经验论获得认识体系是不可能的。实际上各个流派的认识工具是交叉使用的，文化派大师亚里士多德的因果逻辑理论运用在经验派哲学的理论中，是无须证

[1]［美］撒穆尔·伊诺克·斯通普夫,［美］詹姆斯·菲泽著:《西方哲学史》,邓晓芒、匡宏等译,北京联合出版公司,2019年,第279页。

明也无法证明的。因为这两种认识的出发点不同，就如亚里士多德"四因"的思想，每种类型的原因都有自己的论证体系，不可以从"质料因"的问题得出"目的因"的结果，从这点上来说，洛克不深入讨论因果性的实用主义是非常明智的。

休谟对经验派因果理论的剖析，直接导致了经验派独立建立有逻辑的系统哲学努力的终结，预示着一种既能够兼容经验派又能够兼容其他学派理论的新理论即将在曙光中诞生。

十一、工商业人士独立的标志:《国富论》

1.背景

在古代，世界上存在着各种职能人士主导建立的国家。为追求宗教理想的国家讲求神圣，为追求存在感的贵族们讲求永存，为追求文化公正的国家讲求正义，这些追求都比个人物质生活的美好看上去重要且高尚。不过，在西方哲学已经产生了亚里士多德的形而上学、斯多葛学派哲学、基督教哲学之后，工商业人士从哲学出发开始研究属于自己的专属理论，即经济学。

1776年，英国哲学家、经济学家亚当·斯密总结前人的经济理论，写出了近代经济学的奠基之作《国富论》。

为什么这事会发生在英国？这是因为相较于需要团结民众进行大规模军事防御的大陆国家，如法国、德国，有天然海洋屏障的英国有更多的精力用在经济发展上。

英国的贵族阶层不必长期大量强征捐税用于抵抗外敌，因此贵族与工商业人士、祭司、文化阶层之间的对立不像大陆国家那样明显。英国可以循规蹈矩地按历史经验来逐步建设自己的国家，这一点与古希腊很相似，不过近代的希腊已经成为与亚洲国家战争的前线，也就失去了作为文化中心的条件。随着英国经济的不断发展，拥有工具的富裕工商业人士和没有工具的贫穷的工商业人士之间的利益分配逐渐成了一个社会问题。有了高效率工具的工商业人士成为资本家，拥有了比过去贵族和祭司阶层更多的财富，而他们的作用还不被其他职能人士所认可，这使社会的均衡被打破，一时间几乎所有其他的职能人士都在反对暴富的资本家们。而《国富论》就是要探求财富增长的原因，并给出合理的分配方式。

2.观点

（1）生产方面。

斯密指出，分工、给予劳动者自由、使用工具都可以提升经济效率、发展经济。他举了著名的合作分工制作别针，以大幅提升效率的例子。他又认可孟德斯鸠的观点，即与邻近的土耳其矿山比较，匈牙利的矿山虽不更为丰饶，但总能以较小的费用开采，因而能获取较大的利润。土耳其的矿山由奴隶开采，土耳其人知道使用的机械只是奴隶的手臂。匈牙利矿山由自由人开采，并使用许多节省劳动、便易劳动的机械。

在国家政策方面，他提出自由市场不需要国家干预的"看不见的手"理论，这些都是围绕提升经济效率提出的。

提高经济效率就可以在有限的投入下增加财富产出，就是增加让人们愉快的东西。提高经济效率就是对民众有利的事，这与洛克所说的"我们称之为善的那种东西容易引起或增加愉快"的观点是一致的。

（2）分配方面。

斯密认为，工资、利润、地租是价格的三个组成部分，所以随后他便研究了工资、利润、地租的性质及其变动规律。

出卖劳动力的工匠获得工资，使用工具的资本家获得利润，拥有土地的贵族获得地租，只有他们是商业生产的直接参与者，他们也获得商业生产的直接利润分配，这也成为古典经济学的三要素。至于工具的来源，他谈到了储蓄的作用，工具是因为节省而有余力生产工具，从而获得资本。

（3）交换理论。

斯密认可等价交换理论，认为等价交换就实现了分配公平。在笔者的《幸福经济学》里交换就是一种生产，但当时这种观点还没产生。事实上，近代自由社会还是因为分配的公平问题矛盾重重。在这里斯密发现一个问题，他认为价值一词有两层不同的意义。它有时表示特定物品的效用，有时又表示由于占有某物而取得的对他种货物的购买力。前者可叫作使用价值，后者可叫作交换价值。使用价值很大的东西，往往具有极小的交换价值，甚或没有；反之，交换价值很大的东西，往往具有极小的使用价值，甚或没有，例如水的用途最大，但我们不能以水购买任何物品，也不会拿任何物品与水交换。反之，金刚钻虽几乎无使用价值可言，但须有大量其他货物才能与之交换。这就是著名的"钻石与水的悖论"，其实这是一个哲学问题，因为斯密及其身后的经济学家们一直没有搞清楚斯密的使用价值就是个人精神世界内对财富的效用的评价。交换价值则是人们所处的市场上，或者说社会文化体系内对财富交换比例的认定。过去的人之所以分不清交换价值与使用价值的区别，是因为对自我精神世界的独立性没有一个清晰认识。

（4）"钻石与水的悖论"新解释。

笔者的经济理论认为：

水在一定的市场成为实用阶段的产品后它的生产效率很高，它的定价必然很小。所以每一份水交换到的财富也很小。

　　钻石的光泽和晶莹与一般人向往光明的审美一致。它是作为精神需求品的财富以象征意义出现的。由于它资源稀缺，本身生产效率无法提高，因此，在其他产品生产效率越高的社会，它的物品定价越高，可以交换到财富也越多。

　　生产效率决定我们怎样为水的市场定价。

　　产品的交换价值即价格是由产品所在地的市场的生产效率决定的。

　　产品的使用价值由产品对个人的重要性评价而定。对于笔者来说，作为他的最爱，一卷莎士比亚所著的书的使用价值颇高。对于文盲来说，一个世界性的图书馆也是多余的，毫无使用价值。不论这两个人如何使用这些书籍，它们的市场交换价格都是不变的。

　　"钻石与水的悖论"为什么一直会让经济学家们难以解释，还有一个症结就是贵族、祭司、普通工匠们认为自己的作用没有得到充分的市场回报而感到不公平，这也是钻石与水悖论一直是一个受争论问题的原因。

　　3.影响

　　亚当·斯密古典经济学的建立，是洛克经验派哲学发展的一个必然结果，它体现了工商业人士主动管理工商业，促进经济自由发展的要求。

　　工商业人士一直是社会人数最多的职能群体，但他们的社会财富相差巨大，利益分配难以达到统一，因此无法形成一种统一的哲学观点，"钻石与水的悖论"使得经验派哲学向系统化迈进变得非常困难。同时在近代社会，其他哲学流派体系又必须能解释工商业人士的思想要求，以适应近代科学发展的需要。

最终，多数哲学体系将转化为以既定目标为基础的哲学流派，而放弃全面系统化的努力。

十二、康德之一：哥白尼式革命

1.背景

就在经验派理论一边在系统化的道路上踟蹰不前，另一边又与贵族派、怀疑派、精神派理论你来我往斗个不停的时候，突然来了一个高手，一手打碎了他们所有人系统化的美梦，结束了哲学的系统化时代，这个人就是康德。

康德与亚当·斯密是同一个时代的人，在《国富论》发表后没有几年，康德就发表了他的代表作《纯粹理性批判》。促使康德思想形成的是当时影响最大的三套理论。

第一套是以牛顿物理学为代表的科学理论，这套理论的显著成功和持续进步给康德留下了深刻的印象。

第二套是英国经验主义，不过，休谟从经验论观点出发的逻辑结论就是不存在任何具有因果性的科学知识，而这就导致了哲学上的怀疑论。

第三套是大陆理性主义，这套理论推理论证严密，但无法与物理学所看重的经验与实验知识兼容。

牛顿物理学所代表的近代科学有着一种实用主义的原则，它既采用英国经验主义观察世界的方法，又采用大陆理性主义的推演过程，而不去深究其在各体系的终极原因。牛顿物理学的成功应该是对康德影响最大的现实事件，它促成康德去寻找一种具有兼容性而可以不追究终极解答的哲学。

2.观点

（1）批判的方法。

批判哲学的方法就是康德提出这样一个问题："独立于任何经验、知性和理性能够认识什么，又能够认识多少？"[1]

这与洛克所说的"考察我们自己的能力，并且看清什么样的对象是我们的理智宜于或不宜于处理的"[2]可以说大同小异。

因此，康德的批判哲学是与当时哲学界主流的经验派理论出发点是一致的，都是限制那些不能够产生实际效果的形而上学的概念的研究。不过，洛克是通过这种方法建立了一套经验派哲学的系统，而康德则是通过这种方法对各种哲学流派进行概念上的辨析，也就是他所说的批判。

（2）先天综合判断。

休谟说我们的一切知识都是由一系列印象组成的。康德不同意，他说虽然人们的一切知识都开始于经验，它却并不因此就都来源于经验。[3]

我们只是一些知识来源于经验，另外一些知识来源于先天，例如所有有重量的东西在空中都会下落，或者5加7在所有情况下都等于12。存在着这样的先天知识，这是很明显的。

这又与洛克的直观的知识的理论很接近，洛克说直观的知识是直接性的，不会让人怀疑的，也无须证明。应该说到此为止，康德是经验主义的，正因为符合众人的经验，他的观点可以被多数人接受。

---

[1] ［美］撒穆尔·伊诺克·斯通普夫、［美］詹姆斯·菲泽著：《西方哲学史》，邓晓芒、匡宏等译，北京联合出版公司，2019年，第316页。

[2] ［美］撒穆尔·伊诺克·斯通普夫、［美］詹姆斯·菲泽著：《西方哲学史》，邓晓芒、匡宏等译，北京联合出版公司，2019年，第263页。

[3] ［美］撒穆尔·伊诺克·斯通普夫、［美］詹姆斯·菲泽著：《西方哲学史》，邓晓芒、匡宏等译，北京联合出版公司，2019年，第315页。

接下来就是康德理论独到的部分，是他对判断的分类，一共有三种判断。

①分析判断：谓词已经被包含在主词的概念之中了。如所有三角形都有三个角这一判断就是一个分析判断。

②综合判断：它的谓词并没有被包含在主词之中，因此在一个综合判断中谓词对主词的概念增加了一些新的东西，如苹果是红的。

③先天综合判断：它不依赖经验，而且谓词对主词的概念增加了一些新的东西。如，"7加5等于12"这一判断，当然是先天的，因为它包含着必然性和普遍性的标志。

类似洛克把知识分成的三类：直观的、推演的和感性的。只不过康德从语法上进行了分析，而且给它来了一个高端的"先天"这样的命名。

我们可以对比一下洛克的直观知识的命名，如果我不承认一个直观命题，我可以说它不是直观的，所以我不必认同你。但先天命题就不一样了，如果说你不承认一个先天命题，那只能是你天赋不足了。因此你必须承认权威，他们所说的先天的就一定是对的，因为除此以外，没有什么先天概念的判定标准。从这点上来说，康德的学说是受到各类学术权威欢迎的。

（3）康德的哥白尼式革命。

面对因果概念这些重要的知识无法融入经验哲学体系中的问题，康德提出一种新假说，是对象符合心灵的运作，而我们心灵之中先天就有因果关系这类概念，所以我们的所有经验知识在认识时就是按照这些先天的概念选取的，因此我们的知识具有因果性等一些先天的特性。他有意识地仿照哥白尼的例子，他说哥白尼在"假定全部星体围绕观测者旋转时，对天体运动的解释无法令人满意地进行下去，于是他试着让观测者自己旋转，而让星体停留在静止中，看这样是否有可能取得更好的成绩"[1]。

康德认为哥白尼和他自己的问题有某种相似性，他说："向来人们都认为，我们的一切知识都必须符合对象，但是在这个假定下，想要通过概念先天地构成有关这些对象的东西以扩展我们的知识的一切尝试都失败了，因此我们不妨试试，当我们假定我们的对象必须符合我们的知识时，我们在形而上学的任务中是否会有更好的进展。如果直观必须依照对象的性状，那么我就看不出来，我们如何能先天地对对象有所认识，但是如果对象（作为感官的客体）必须依照我们直观能力的性状，那么我倒是完全可以想象这种可能性。"[2]

康德的观点真正的伟大之处在于他发现了研究精神和经验的不同之处，精神是具有理性的，我们正是通过这种理性来观察世界。而经验是自然形成的，其内在规律不可能自动地呈现在我们面前。相比较，洛克也有"简单观念和复杂观念"两种观念，直观的、推演的和感性的三种知识，但他没有用理性和感性两种方法思考各个范畴内的所有问题。所以说，康德真正发现了精神世界与自然世界的不同，并主动用两种方法研究各自的问题，其实亚里士多德研究《形而上学》也是这样做的，只不过其在历史的长河之中被埋没了。大家可以去看一下亚里士多德的《形而上学》与《物理学》的不同，形而上学用的是思辨的

[1] ［美］撒穆尔·伊诺克·斯通普夫、［美］詹姆斯·菲泽著：《西方哲学史》，邓晓芒、匡宏等译，北京联合出版公司，2019年，第318页。

[2] ［美］撒穆尔·伊诺克·斯通普夫、［美］詹姆斯·菲泽著：《西方哲学史》，邓晓芒、匡宏等译，北京联合出版公司，2019年，第318页。

方法，而物理学则用的是观察的方法。

3.影响与意义

康德的哥白尼式哲学革命，因为区分了精神与经验的不同认识方法，所以基本上做到了既承认从经验出发获得知识的重要性，又强调了人的主观精神的理性作用，从而达到了经验派与理性派哲学的调和。但是他先天概念的提出与运用，加深了各个流派哲学之间的裂痕，因为他们都把自己流派权威的理论看成先天的，最终使得数百年内哲学都无法再形成共同认可的大型体系。以至在现代社会，主导社会的工商业人士们的专属理论经济学代替了哲学，同样，现代的西方经济学家代替了古代西方哲学家的主要工作与地位。

十三、康德之二：形而上学的构架

讲到形而上学总是抽象的，对于没有系统认识论的人来说是难以理解的，但也是哲学理性构思的精华所在。

1.统觉的先验统一与物自体

康德有关于认识的一个著名比喻：如果有色眼镜永远戴在我的眼睛上，我将永远透过那种颜色去看事物，永远无法摆脱那些镜片给我的视觉施加的限制。[1]

怎样理解这个比喻呢？

康德解释说："人类知识有着两个来源，它们或许都来源于一个共同的但不为我们所知的根源，它们就是感性和知性。通过

---

[1] ［美］撒穆尔·伊诺克·斯通普夫，［美］詹姆斯·菲泽著：《西方哲学史》，邓晓芒、匡宏等译，北京联合出版公司，2019年，第319页。

前者，对象被给予我们；通过后者，它们被思想。"[1]

在这里，康德所说的感性知识的来源就是物自体，也就是现实存在之物，而把物自体的感性做分析的就是统觉的先验统一，也就是我们的理性。

我们看到康德提出的两个新概念：统觉的先验统一与物自体。

①统觉的先验统一这个词的三个部分各有所指，"统觉"指所有的感官的未经加工整理的感觉材料。"先验"是一术语，是指即使这样一个统一或自我通过我们实际的经验得到了暗示，我们也不能够直接地经验到它。"统一"是指我们经验的统一必定暗示了自我的统一，因为除非在心灵的诸活动之间存在着一个统一，否则不可能有统一的经验知识。

②物自体。由于我们所认识的所有对象都是感性的对象。然而，我们知道经验世界的存在不是心灵的产物，于是我们知道有一个世界，一个外在于我们并且不依赖我们的实在，而我们只知道它向我们所呈现的，以及被我们整理之后的样子。这个实际上是由康德假设存在的，并且坚信其存在的物质世界就是物自体。

总结一下，康德的"统觉的先验统一"实际是感性认知向理性认知过渡的一个概念，它为感性知识拥有统一的理性理解提供了有效的解释。而"物自体"为它提供了感性认识的基础。

2.先验认识论

（1）事物的感知。

我们讲康德一直在讲先天的、先验的知识，这些知识具体是什么呢？只有讲清了这些知识，"统觉的先验统一"中的先验

---

[1] ［美］撒穆尔·伊诺克·斯通普夫、［美］詹姆斯·菲泽著：《西方哲学史》，邓晓芒、匡宏等译，北京联合出版公司，2019年，第319页。

概念才能成立。

康德认为空间和时间就是我们为知识所加的先天直观形式。各种各样处于"感性杂多"中的经验加上心灵赋予的空间和时间内涵之后，才形成我们对事物的感知。

在这里，我们可以看到，当康德在很难说服众人接受先天概念时，他又偷偷地把洛克的"直观"概念运用到他的体系之中，以增加说服力，这也是没有读过哲学史的人会感觉康德的书很晦涩的原因，因为他莫名其妙地就用了只有专业人士才能理解的用语。

（2）经验的处理。

我们拥有了对事物的感知之后，还有一些思想范畴，它们更加专门地处理心灵统一或综合我们经验的方式。注意这些范畴并不是心灵加给物自体的，而是心灵加给已经形成感知的经验的。如"量""关系"等思想范畴，当我们断言"量"的时候，我们在头脑中想的是一或者多；当我们做出一个关系判断时，我们所考虑的一方面是原因和结果，另一方面是主词和谓词的关系。因为这些思想范畴都是我的心灵赋予经验的，所以当我运用这些经验时，经验到的世界是一个一致的单一世界。

3.先验与超验形成的二律背反

（1）调节性先验理念。

康德认为我们之所以会拥有现代科学，是因为我们把先验的知识运用在物自体及感性经验上，或者说科学之所以可能，是因为所有人都拥有同样的心灵结构，都会时时刻刻以同样的方式来整理感性经验事物。

而我们在考虑我、宇宙和上帝这样的调节性先验理念时，这些理念并非物自体及其感性经验，因此先验知识无法运用。当我们强行运用时，其结果也无法形成前后一致的逻辑关系，所以我们无法拥有超验理念的科学知识。

（2）二律背反。

康德列举了二律背反的例子。

①世界在时间和空间上是有限的，或者它是无限的。

②每一个复合的实体都是由单纯的部分构成的，或者在世界上没有什么复合的东西是由单纯的东西构成的。

③除了根据自然律的因果性之外，还存在着另外一种因果性即自由，或者不存在自由，因为世界中每一个事物都只是根据自然规律而发生的。

④存在着一个绝对必然的存在者，作为世界之部分或作为它的原因，或者一个绝对必然的存在者在任何地方都是不存在的。

康德通过这几个二律背反的例子，进一步说明了我们不可能拥有感性经验之外的实在的描述。同时，时空世界只是现象世界，人的理智可以自由地认识它，也正因为世界仅仅是现象的，所以我们就有理由对道德自由和人类责任加以肯定。

4.上帝存在的证明

康德提出了人类理性能力使用范围基于经验这一观点后，不可避免地要拒斥对于上帝存在的传统证明，即本体论的、宇宙论的和目的论的证明。

他反对本体论的证明的论证是：既然我们拥有最完善的存在的观念，那么，如果否认这样一个存在者的存在就会导致矛盾。这种否认之所以会是矛盾的，是因为一个完善的存在者的概念必定包含着"存在"这一谓词。[1]

康德概括说:"笛卡尔派(本体论的)对最高存在者存在的著名论证所作的艰辛劳作都是徒劳的。一个人希望通过单纯理念来丰富自己的知识,就如同一个商人希望通过在自己的账本上添加一些零来增加自己的财富一样不可能。"[2]

从经验认识出发,康德同样推翻了宇宙论与目的论,康德对"诸论证"批判性评论的结果必然是仅仅通过纯粹理性,我们既不能够证明,也不能够否证上帝的存在。如果上帝的存在不能够被理论理性有效处理,那么上帝作为超验的概念必然有理性产生的原因。这样,上帝的理念在康德的哲学中就还是有其重要性的,其他的调节性理念也一样。

5.意义

康德通过把"先验理性"当成眼镜来认识世界,建立起一套完整的形而上学的体系。通过这套体系,康德解释了人类理性能力使用范围为什么基于经验。他从经验出发的观点加上强有力的思辨体系证明,一语惊醒梦中人,使各大哲学流派不再沉迷于超验知识的形而上学体系研究。

十四、康德之三:实践哲学

康德的实践哲学主要是先验的知识在人们精神世界的运用,或者说他区分了两种实在现象,即实在与本体实在。他将科学限制于现象实在,然后提出与人的本体关联的实践理性的运用。

---

[1] [美]撒穆尔·伊诺克·斯通普夫、[美]詹姆斯·菲泽著:《西方哲学史》,邓晓芒、匡宏等译,北京联合出版公司,2019年,第323页。

[2] [美]撒穆尔·伊诺克·斯通普夫、[美]詹姆斯·菲泽著:《西方哲学史》,邓晓芒、匡宏等译,北京联合出版公司,2019年,第323页。

1.先天实践理性

理解了自然世界的理性就很容易理解精神世界的理性，如同科学知识一样，道德知识也基于先天判断。康德此前发现科学知识之所以可能是因为心灵加于经验的诸先天范畴。这里他同样说到"责任的基础不能在人的本性中，或是在人性被置于其中的世界诸条件中寻求，它先天地就在理性的概念中"[1]。

当然，先天理性概念中不止"责任"一个概念，普遍性和必然性的性质是先天判断的标志，康德认为这也进一步证明了他的观点：行为诸原则源于先天实践理性。

2.普遍性

不同于自然科学已经有先天直观形式，康德认为道德哲学的研究到他为止还没有公认的先天直观概念。

如何判断一个道德规律或规则是先天的呢？康德认为首先是普遍性。

因为一个道德规律或规则对作为一个理性的存在者的我而言是有效的话，它也必定对所有理性的存在者都有效。因而一个道德善行的主要检验方法之一，就是看它的原则是否能够被应用于所有理性的存在者，是否能够被一贯地运用。[2]

3.必然性

在谈到实践理性的必然性，康德又从语法上做了分析与思辨，他认为真正的道德命令是定言的。要求无须涉及其他目的，

---

[1]　［美］撒穆尔·伊诺克·斯通普夫〔美］詹姆斯·菲泽著：《西方哲学史》，邓晓芒、匡宏等译，北京联合出版公司，2019年，第326页。

[2]　［美］撒穆尔·伊诺克·斯通普夫〔美］詹姆斯·菲泽著：《西方哲学史》，邓晓芒、匡宏等译，北京联合出版公司，2019年，第326页。

其自身就是必然的一个行动，即一个客观必然的行动。[1]因为一个理性的存在者努力去做他应该做的事情，必须与出于爱好或自身利益的行动区分开来。他在书中表达为："因为所有这些结果，甚至是对他人幸福的促进都可能由于其他原因而达到，所以为了这些结果本来并不需要一个理性存在者的意志。"[2]

4.定言命令的三个表达式

要达到实践理性的必然性标准，就应当是一种纯粹的先天概念，不同于那些其本质仅仅是假言的技术性命令和审慎的命令，真正的道德命令是定言的。

定言命令并没有为我们提供具体的行动规则，因为它仅仅是一个抽象的公式。然而按康德的想法，这正是道德哲学为指导我们的道德行为而应该为我们提供的东西，因为我们一旦理解了道德律的基本原则，我们就能够将之运用于各种具体情况。

根据实践理性的普遍性、必然性，康德提出了定言命令的三个表达式：

（1）只按照你同时也希望它成为普遍规律的准则行动。[3]

（2）你的行动要把你自己人身中的人性和其他人身中的人性在任何时候都同样看作目的，永远不能只看作手段。[4]

---

[1]［美］撒穆尔·伊诺克·斯通普夫、［美］詹姆斯·菲泽著：《西方哲学史》，邓晓芒、匡宏等译，北京联合出版公司，2019年，第327页。

[2]［美］撒穆尔·伊诺克·斯通普夫、［美］詹姆斯·菲泽著：《西方哲学史》，邓晓芒、匡宏等译，北京联合出版公司，2019年，第326—327页。

[3]［美］撒穆尔·伊诺克·斯通普夫、［美］詹姆斯·菲泽著：《西方哲学史》，邓晓芒、匡宏等译，北京联合出版公司，2019年，第327页。

[4]［美］撒穆尔·伊诺克·斯通普夫、［美］詹姆斯·菲泽著：《西方哲学史》，邓晓芒、匡宏等译，北京联合出版公司，2019年，第328页。

（3）我们这样行动，意志可以将自身当作同时是在以它自己的准则制定着普遍的法律。[1]

这三条准则的重点都是在讲述实践理性指导下人们行动的原则，即理性具有普遍性，实践这种理性具有作为人的必然性。

5.道德悬设

（1）人类意志自由。

如果人们不能够或者不是自由地实现他们对道德命令的责任或响应，他们如何可能是有责任或有义务的呢？因此自由必须被假定。

（2）道德不朽。

我们的经验表明，在德性与幸福之间并不存在必然的关联。如果我们将人类经验限制于此世，那么要完全达到至善看起来就是不可能的了。因此康德说："但这个无尽的过程只有在下面假设的基础上才有可能，即同一个理性存在者的存在和人格是无尽地持续的，这被称为灵魂不朽。"[2]

（3）上帝。

因为我们的确从至善概念中得出结论说德性与幸福必须相伴随，所以我们必须悬设，整个自然的一个原因的存在，它不同于自然，并包含了这一关联的基础，即幸福与道德完全和谐的基础。这样，假定上帝的存在在道德上就是必须的。[3]

康德的道德悬设是为了论证他普遍、必然的实践理性而附

---

[1]　［美］撒穆尔·伊诺克·斯通普夫、［美］詹姆斯·菲泽著：《西方哲学史》，邓晓芒、匡宏等译，北京联合出版公司，2019年，第328页。

[2]　［美］撒穆尔·伊诺克·斯通普夫、［美］詹姆斯·菲泽著：《西方哲学史》，邓晓芒、匡宏等译，北京联合出版公司，2019年，第329页。

[3]　［美］撒穆尔·伊诺克·斯通普夫、［美］詹姆斯·菲泽著：《西方哲学史》，邓晓芒、匡宏等译，北京联合出版公司，2019年，第329页。

带产生的，但其本身并不具有必然性，而必须借助假设才能实现，这不由让人惋惜其系统性的缺陷。

6.意义与影响

康德把精神世界的实践理性知识与自然世界的纯粹理性知识区分开来讨论，提出了脱离物质目标的普遍道德法则。这是继卢梭之后，关于非功利的道德准则的一次重要的理论系统化。他肯定了所有人不论贫富，都可以达到善的目标，从而提高了工商业文明国家精神的凝聚力。

可以肯定，康德的实践理性对道德普遍性、必然性规律的探索具有历史里程碑的意义。不论康德是否成功地达到了他为自己新哲学所设定的目标，他的成就都是不朽的。在这条道路上他所犯下的错误很可能比绝大多数人取得的成功更加重要。

十五、康德之四：总结

康德哲学是系统哲学时代一次最终的批判与调和，他断绝了经验派与精神派哲学想要独立形成认识世界体系的念头。康德的哥白尼式哲学革命选取的人的理性视角体现了以人为本的出发点；他限制认知理性于自然科学之内，使经验与理性可以充分地融合；他把实践理性区分于自然理性，使道德独立于物质财富目的之外。这些都是他对人类哲学做出的不朽贡献。但是康德认为理性范畴是先天的，从而放弃了对理性范畴的进一步思辨与总结。而实际上不可能存在真正先天的理性，他的先天理性就是前人所公认的一些理性知识，特别是亚里士多德之后人们通过系统思考、不断总结出的理性范畴。从这点上来说，康德的思想是顺从当时权威，而理论根源极端保守。这一点可以参照柏拉图，柏拉图把理念说成是永恒的，其实理念也只是一些被公认为美好的抽象概念。但一旦把这些概念先天化、永恒化，那么想要对其进行进一步的思辨就变得更加困难。

康德之后的哲学称为工具时代，工具时代的特点就是以本流派权威的所谓"先天"概念为工具，对世界的运行规律进行认识。

哲学家们在刚开始使用这些先天工具时是自信满满的，这些工具时代初期的哲学家我们称之为自信的一代。自信的一代哲学家主要有边沁、叔本华和黑格尔。

自信的一代之后是实证的一代。实证的一代已经对"先天"的概念不再那么自信，而是希望自己能够对其进行证实，实证的一代哲学家主要有孔德、罗素和尼采。

实证的一代之后是求存的一代，求存的一代已经很难再利用"先天"概念的过时权威性来说服众人，他们已经在为哲学寻找新的认识根据，但他们依然不得不用一些"先天"的概念作为自己理论的基础。求存的一代哲学家主要有皮尔士、胡塞尔和萨特。

随后，笔者将对工具时代这三代哲学家的思想进行讲解。

第六篇　工具时代

一、边沁

1.背景

在康德之前的大多数重要的哲学家，比如说霍布斯、洛克，他们总希望能把自己的理论还原到人类最原始的状态，然后在这种状态下抽象出他们认为重要的社会要素，再对这些要素进行分析、总结之后得出自己的哲学观点。

在康德之后则是另外一番光景，人们模仿自然科学的模样，从前人的理论中抽取一个或几个自己认为最重要的概念，把它作为自己理论的出发点，而不再追问概念的根底。这不是康德一个人的问题，而是整个思想界在向成功的自然科学方法靠拢。

边沁就是信心满满地把前人的哲学概念推向社会运用的一个典型例子。

在边沁所处的时代，洛克的经验派哲学在英国已经获得充分的认可，而边沁则希望把经验派哲学的一些理论变成强制执行的法律。

2.观点

（1）功利原则。

边沁在他的《道德和立法原则导论》说："自然把人类置于两个最高主人的统治之下：痛苦和快乐。只有它们才能够指出什么是我们应当做的，也才能规定什么是我们将要做的。"[1]

至于是否需要像霍布斯、洛克一样证明自己理论的合理性，边沁认为完全没有必要。

在边沁看来，其他立法理论要么可以归结为功利原则，要么就比功利原则还要差。

边沁举出了《社会契约论》及它对我们服从法律的义务的解释为例。首先，这里有一个困难，就是要确定曾经有过这样一个契约或协定。其次，甚至契约论本身也依赖功利原则，因为它实际上是说：最大多数人的最大幸福只有当服从法律时才能达成。[2]

（2）约束理论。

边沁认为快乐和痛苦促成了我们的行为。于是，他区分了快乐和痛苦得以产生的四个根据，并且认为这些根源就是我们行动的原因，称之为约束。

他提出四种约束，称之为物理的、政治的、道德的和宗教的约束。他对它们解释如下：

一个人的财产或容貌被毁于火灾。如果这事发生在他身上是因为被称为偶然的事故，这就是一场灾难；如果是因为他自己的不小心，例如因为他忘了熄灭蜡烛，这就可以称作物理约束的

---

[1]　[美]撒穆尔·伊诺克·斯通普夫、[美]詹姆斯·菲泽著：《西方哲学史》，邓晓芒、匡宏等译，北京联合出版公司，2019年，第364页。

[2]　[美]撒穆尔·伊诺克·斯通普夫、[美]詹姆斯·菲泽著：《西方哲学史》，邓晓芒、匡宏等译，北京联合出版公司，2019年，第364页。

惩罚；如果这事发生在他身上是因为地方司法官员的判决，这就是属于政治约束的惩罚；而那种人们通常称作"惩罚"的东西，如果是因为无人施救，因为他的邻居由于厌恶他的道德品质而拒绝给他帮助，就是一种道德约束的惩罚；如果因为上帝生气而直接采取的行动，表明是因为他所犯下的某种罪恶，那就是一种宗教约束的惩罚。[1]

每个个体和每个立法者所考虑的都是避苦和趋乐。在边沁看来，我们"一方面在计算一切快乐的总值，另一方面在计算一切痛苦的总值。如果在快乐方面有结余，这种结余就会给行为带来好的趋向；如果在痛苦方面有结余，这就会带来坏的趋向"[2]。

（3）法律和惩罚。

边沁的立法方式是首先衡量"一个行为的损害"，然后制止产生危害的行为。这里我们就可以进行对比，亚当·斯密的《国富论》是讨论生产、分配财富，而边沁的法学就是要保卫工商业文明给我们带来的快乐。

他认为，立法者所关心的既有原生的危害也有次生的危害。强盗把危害加于受害者，受害者失去了自己的财物，这就是原生危害的例子。但抢劫也造成了次生的危害，财产就成了更不安全的了。站在立法者的角度看，次生的危害往往还比原生的危害更重要，还是举抢劫的例子，受害者的实际损失也许远不如整个社会在稳定和安全上的损失那么大。[3]

[1] ［美］撒穆尔·伊诺克·斯通普夫、［美］詹姆斯·菲泽著：《西方哲学史》，邓晓芒、匡宏等译，北京联合出版公司，2019年，第365页。

[2] ［美］撒穆尔·伊诺克·斯通普夫、［美］詹姆斯·菲泽著：《西方哲学史》，邓晓芒、匡宏等译，北京联合出版公司，2019年，第365页。

[3] ［美］撒穆尔·伊诺克·斯通普夫、［美］詹姆斯·菲泽著：《西方哲学史》，邓晓芒、匡宏等译，北京联合出版公司，2019年，第367页。

边沁提出了六条惩罚的原则：

①惩罚必须足够重，超过罪犯可能由他的罪行中所获得的好处。

②罪行越大，惩罚也越重，对较大罪行的惩罚必须足以导致一个人在两种罪行的权衡中宁可选择较小的罪行。

③惩罚应当具有可变性和适应性，以适合各种特殊情况，虽然每个罪犯为同一罪行将得到同样的惩罚。

④惩罚的力度绝不应大于使之生效所需要的最小量。

⑤一个罪犯越是不容易被抓住，惩罚就应当越大。

⑥如果一个罪行是属于惯犯，惩罚就必须不仅是超过这一直接罪行的所获，而且也超过那些未被发现的罪行的所获。[1]

解释一下，例如按第六条原则，一个使用地沟油的餐饮店，只要两次被抓住使用地沟油，那么可以按其在所有营业期间都使用地沟油进行处罚，这对于商业秩序的维护是有利的。

以下四种具体情况下，不应施加惩罚。

①如果惩罚是无根据的。

②如果惩罚是无效的。涉案的如果是未成年人、精神失常者或醉汉，惩罚也是无效的。

③如果惩罚没有益处或花费太大。

④最后，如果惩罚是不必要的。[2]

解释一下第二条，笔者认为，醉汉不惩罚是在他醉酒的状态下不惩罚他，如果他酒醒了，就应该接受惩罚，这就是酒后驾车

[1] ［美］撒穆尔·伊诺克·斯通普夫、［美］詹姆斯·菲泽著：《西方哲学史》，邓晓芒、匡宏等译，北京联合出版公司，2019年，第368—369页。

[2] ［美］撒穆尔·伊诺克·斯通普夫、［美］詹姆斯·菲泽著：《西方哲学史》，邓晓芒、匡宏等译，北京联合出版公司，2019年，第368页。

要接受惩罚的依据。

3. 言论

边沁认为他提出了切实可行的法学原理，所以凡是在他发现在现实的法律及社会秩序与功利原则不一致的地方，他都强烈地要求改革。他甚至参加了一个由有类似思想者组成的以"哲学激进派"闻名的团体。

他指责道：这些法官"制定了普遍的法律。你知道他们怎么制定的吗？就像一个人给他的狗立法一样。如果你的狗做任何你想阻止它做的事，你就等着它做出来然后打它。法官们为你我立法的情形，便是如此"[1]。

4. 影响

边沁从工商业人士的角度出发，推进激进的功利主义原则，确实促进了工商业文明制度下法律的完善，他的很多原则直到现在对法律的制定仍然重要。但是其从既定的概念出发推导出的法律规则，并没有考虑到社会多种职能人士的需求。有时不得不说，越是片面，越是激进。

他的经验效果决定论，是英国近代社会式微的重要原因之一。

二、叔本华

1. 背景

前面说到边沁正在为工商业文明带来的舒适生活欢欣鼓舞，进而要把他们的哲学原则写入法律之中的时候，一个精神派哲学家站出来大唱反调，他提出了一种以自我为中心的悲观精神

---

[1]　[美]撒穆尔·伊诺克·斯通普夫、[美]詹姆斯·菲泽著:《西方哲学史》，邓晓芒、匡宏等译，北京联合出版公司，2019年，第369页。

哲学,他就是叔本华。

在叔本华生活的时代里,康德已经把上帝从自然科学的认识领域内请了出来。在精神领域内,斯宾诺莎的泛神论、黑格尔的绝对精神所指的上帝都与《圣经》中的形象越离越远。

叔本华则更进一步,他的精神领域中已经完全忽略了上帝,取而代之的是人的生命意志。

2.言论

作为康德之后自信一代的精神派哲学代表,叔本华虽然悲观,但也是相当自信。

他不承认当时的哲学名家黑格尔是康德当之无愧的继承者,甚至十分瞧不上黑格尔,他说:"在康德和我之间的这段时间里没有哲学,只有大学里假充内行的伎俩。"[1]"我们从休谟著作的任何一页所学到的东西,都比从黑格尔的全部哲学著作中学到的东西要多。"[2]

他的自信不只在于贬低黑格尔,他说,一个人对自己比一般人是更高还是更矮,是心知肚明的,因此他毫不犹豫地说:"我比以前任何一个人都更高地掀起了真理的面纱。"[3]

3.观点

(1)充足理由律。

充足理由律就是一切都有充足的理由这样一个规律。

---

[1] [美]撒穆尔·伊诺克·斯通普夫、[美]詹姆斯·菲泽著:《西方哲学史》,邓晓芒、匡宏等译,北京联合出版公司,2019年,第351页。

[2] [美]撒穆尔·伊诺克·斯通普夫、[美]詹姆斯·菲泽著:《西方哲学史》,邓晓芒、匡宏等译,北京联合出版公司,2019年,第351页。

[3] [美]撒穆尔·伊诺克·斯通普夫、[美]詹姆斯·菲泽著:《西方哲学史》,邓晓芒、匡宏等译,北京联合出版公司,2019年,第351页。

叔本华25岁时写的博士论文《论充足理由律的四重根》中，他试图回答：我能知道什么，以及事物的本质是什么。

叔本华一共提出了充足理由律的四种基本形式，它们分别对应四种不同的表象。

①物理对象：它们在时空之中实存并发生因果关系，我们通过对事物的日常经验而知道它们。[1]

②抽象概念：这些对象具有我们从其他概念抽取出来的结论的形式，比如当我们运用推理或推论的规则时所做的那样。概念与它们推出或蕴含的结论之间的关系服从充足理由律。这是逻辑的领域，充足理由律在这里被运用于认知的方式。[2]

③数学的对象：在这儿我们遇到了例如算术与几何学之类的科学，它们与空间和时间相关。几何学基于支配着空间各部分诸多不同位置的原则。而算术则涉及时间的诸部分。[3]

④自我对象：自我是意愿的主体，这个意愿主体是"认知主体的对象"，我们可以称之为自我意识。[4]

我们从叔本华为理由对象的分类，可以看出他是非常有深度的，虽然离亚里士多德的抽象还相差甚远，但通过分类来讨论事物的原因，就与亚里士多德的四因说不谋而合。不过亚里士多德是从经验的抽象提出四因说，因此四因说是有助于改善生活

[1]　[美]撒穆尔·伊诺克·斯通普夫、[美]詹姆斯·菲泽著：《西方哲学史》，邓晓芒、匡宏等译，北京联合出版公司，2019年，第353页。

[2]　[美]撒穆尔·伊诺克·斯通普夫、[美]詹姆斯·菲泽著：《西方哲学史》，邓晓芒、匡宏等译，北京联合出版公司，2019年，第354页。

[3]　[美]撒穆尔·伊诺克·斯通普夫、[美]詹姆斯·菲泽著：《西方哲学史》，邓晓芒、匡宏等译，北京联合出版公司，2019年，第354页。

[4]　[美]撒穆尔·伊诺克·斯通普夫、[美]詹姆斯·菲泽著：《西方哲学史》，邓晓芒、匡宏等译，北京联合出版公司，2019年，第354页。

的，他是积极的、乐观的。而叔本华仅从片面的几个问题出发思考事物的原因，最后他陷入了原因无用论的悲观之中。

（2）《作为意志和表象的世界》。

①表象世界。

叔本华的名著《作为意志和表象的世界》一开篇就是一句惊人之语："世界是我的表象。"[1]此前，英国哲学家贝克莱说存在就是被感知。叔本华进一步说对于认识而言所存在的一切，因而整个世界，都只是与主体相关联的对象，是感知者的感知，一句话，都只是表象。[2]他想表达的是：也许我不存在了世界依然还会存在，但是我所经验到的一切存在一定是我所认识的表象。

②意志世界。

意志世界其实就是精神世界，只不过叔本华强调意志就是强调个体精神的生存欲望。他认为，在所有事物中、在动物中，甚至在无生命的事物中都可以发现意志。

我们身体的行动通常被认为是意志活动的产物。不过在叔本华看来，意志活动和行动不是两个不同的东西，而是同一个东西。身体的活动不是别的，只是客体化了的意志活动。说意愿和行为不同，这只是一种反思。在我们的意识中，我们对自己所知道的是我们不仅是一个认知的主体，从另一方面看，我们自己也属于要被认识的内在本性。他的结论是我们自己就是物自体。[3]这也是说我们的精神世界就是物自体，我们只能认识自己精神

[1]［美］撒穆尔·伊诺克·斯通普夫、［美］詹姆斯·菲泽著:《西方哲学史》，邓晓芒、匡宏等译，北京联合出版公司，2019年，第354页。

[2]［美］撒穆尔·伊诺克·斯通普夫、［美］詹姆斯·菲泽著:《西方哲学史》，邓晓芒、匡宏等译，北京联合出版公司，2019年，第355页。

[3]［美］撒穆尔·伊诺克·斯通普夫、［美］詹姆斯·菲泽著:《西方哲学史》，邓晓芒、匡宏等译，北京联合出版公司，2019年，第356页。

世界这个物自体,而表象世界的其他物自体也有意志,但他们只能给我们表象,其他物自体永远在我们之外。

叔本华于是说:"唯一一扇通向真理的窄门。"[1]这就是我们每个人都有的,对于自己的意志活动。[2]只有意志的活动是真正接触到物自体,真正可以认识真理。

(3)悲观主义。

叔本华认为意志的本质就是生存,因此工商业文明创造的美好的生活并不能真正引导我们,他说:"人类只是表面上被前面的东西牵引,他们实际上被后面的东西推动,决不是生命诱使他们前进,是必然性驱使他们向前。"[3]

他说生存意志以无尽欲望的形式表达它自身。欲望产生了侵略、争斗、毁坏和自我中心。只有伦理和美学可以抑制我们的生存意志,伦理学通过温情,美学通过让人沉醉而回到纯粹的精神自我。不过这都没有改变人的本质,因此叔本华还求助于印度哲学来追求解脱。

叔本华的悲观主义是相对于经验派的乐观激进主义而言的。同时也是对经验派在物质领域的成就沾沾自喜的一种讽刺。而他自己的生活方式并不是真正的悲观。

4.影响

叔本华的哲学是在自然科学突飞猛进的环境里,精神派哲学家也想在精神领域脱离宗教概念的产物。它是一种自我精神

[1]　[美]撒穆尔·伊诺克·斯通普夫、[美]詹姆斯·菲泽著:《西方哲学史》,邓晓芒、匡宏等译,北京联合出版公司,2019年,第356页。

[2]　[美]撒穆尔·伊诺克·斯通普夫、[美]詹姆斯·菲泽著:《西方哲学史》,邓晓芒、匡宏等译,北京联合出版公司,2019年,第356页。

[3]　[美]撒穆尔·伊诺克·斯通普夫、[美]詹姆斯·菲泽著:《西方哲学史》,邓晓芒、匡宏等译,北京联合出版公司,2019年,第357页。

的反思，这种反思如刚走出温暖怀抱的孩子所感到的寒冷与孤独，以至于它还有一点求助于异教的倾向。

正是深入思考了独立的精神空间里的许多问题，伴随着共通的寒冷与孤独的感觉，这使他的理论成为失去信仰者们普遍接受的精神食粮。他对经验派哲学里乐观主义的否定，使他成为近代悲观主义代表人物。

三、黑格尔

1.黑格尔哲学来源

在黑格尔之前，贵族派哲学已经相当没落，霍布斯的哲学在先进的工商业国家已经很难有立足之地，卢梭的理论经常被伏尔泰等社会主流嘲弄，贵族派哲学似乎已经穷途末路。

不过，康德提出的先天概念与二律背反为新贵族理论提供了依据，因为在这里，知识是可以不用质疑的，而且可以相互矛盾，这为黑格尔质疑传统哲学、重新提出类似赫拉克利特的理论提供了依据。

黑格尔是康德之后把先天概念表达的最彻底的人，不过，他的先天概念已经超出了正常哲学概念的范畴。

2.轶事

黑格尔对于自己的理论十分自信，这种自信让他自觉超过了柏拉图、笛卡尔这些哲学前辈，似乎在他看来，康德如果是哲学上的哥白尼，他就应该是哲学上的牛顿。

黑格尔致沃斯的信中说："路德让《圣经》说德语，您让荷马说德语，这是对一个民族所作出的最大的贡献，因为一个民族除非用自己的语言来习知那最优秀的东西，那么这东西就不会真正成为它的财富，它还将是野蛮的。如果您认为这两个例子都已经过去，现在我想说，我也在力求教给哲学说德语。如果哲学一旦学会了说德语，那么那些平庸的思想就永远也难于在语言上貌似深奥了。"[1]

这种绝对正确的真理在手时表达出来的自信，已经不是一个基督徒或大学教授的身份应有的谦逊可以遮盖得住了。

3.观点

（1）精神现象学。我们谈到黑格尔就不能不说赫拉克利特。赫拉克利特认为，没有什么东西是永恒的，一切都在流变之中。他认为只有变化、斗争、对立是永恒的，赫拉克利特最为我们熟知的名句就是：我们不能两次踏进同一条河流。但是巴门尼德已经论证了概念必须抽象为"一"，因为只有能抽象为"一"，这种理论才可以为公众所公认、所运用，这部分内容可以在前文中看到，后世的哲学家们都遵守概念必须是静态的、单一的。

现在康德提出了先天概念与二律背反，只要认为是先天正确的概念，即使是相互矛盾也可以作为理论的基础。

黑格尔认为，概念或认识不是孤立和静止不变的东西，而是存在于概念和事物发展之中的有机统一体，因此概念是在不断地自我发展的。

他把精神发展作为一种现象来向大家解释，把精神发展分为三个阶段。第一部论述个体意识，第二部论述群体意识，第三部分论述绝对本质意识。

恩格斯说《精神现象学》也可以叫作精神胚胎学和精神古生物学类似的学问，是对个人意识各个发展阶段的阐述，这些阶段

[1]　[德]黑格尔著：《黑格尔致沃斯（1805年5月）》，见《黑格尔通信百封》，苗力田译编，上海人民出版社，1981年，第202页。

可以看作人的意识在历史上所经过的各个阶段的缩影。[1]

不过，他抽象出的精神现象，并找出其对立发展的要素有时让人觉得不可思议，例如他把头盖骨相学当成精神现象发展的一个重要依据。

（2）"合理即存在的，存在即合理的"，出自黑格尔《法哲学原理》。

要想理解《精神现象学》的内在思路，就要对他的名言"合理即存在的，存在即合理的"有一个理解。

"存在即合理的"的意思是凡是存在的都是符合绝对精神（理性）的，这就是历史为什么可以用绝对精神（理性）来解释的原因。

"合理即存在的"的意思是随着绝对精神（理性）的发展，所有的合理的都将成为存在。这是他为什么可以在书中预测世界发展的趋势。

不过，黑格尔本身对理性的理解就是与哲学传统背离的，而且由于其知识的有限让人感到牵强附会。

因此，罗素说："奇怪的是，一种被说成是宇宙性的历程竟然全部发生在我们这个星球上，而且大部分是在地中海附近。并且，假若'实在'是无时间性的，也没有任何理由说这历程后来的部分要比在前的部分体现较高的范畴，除非人当真要采取这样一种亵渎不敬的假定：宇宙渐渐在学习黑格尔的哲学。"[2]

（3）逻辑学。逻辑学作为黑格尔哲学的精髓，帮助他把对立

---

[1] ［德］马克思,［德］恩格斯著:《马克思恩格斯选集（第四卷）》,中共中央马克思恩格斯列宁斯大林著作编译局编译,人民出版社,2012年,第215页。

[2] ［英］罗素著:《西方哲学史（下卷）》,何兆武、李约瑟译,商务印书馆,1963年,第308页。

的概念联系起来，下面让我们来看看他是怎样办到的。

亚里士多德的逻辑学认为每个事物都是一个独特的东西，因此逻辑学只向我们提供特殊的普遍项，由之不能推导出其他普遍项。比如说，要么是蓝色，要么是非蓝色，我们无法从蓝色推演出其他任何颜色。如果蓝色是蓝色的，你不能同时说它是其他什么东西，一个非蓝色。这个不矛盾律在任何形式逻辑中都很重要。

然而黑格尔相信，从一个存在的概念能够推演出另一个概念。他论证说："因为纯存在是纯粹的抽象，因此它是绝对的否定。"黑格尔说："存在与无是同一的，这个命题在想象力和知性看来是如此悖谬，以致它或许只被当作是句玩笑话。"[1]

我们可以看到黑格尔从存在的概念推出另外一个概念的方法是把概念A看成一个边界，当一个人看到一个概念A的边界时，就存在概念A的边界对立的外面，这个对立的外面组成了另一个概念B。

因此，黑格尔认为从一个存在的概念A就可以推出另一个存在的概念B，这就是黑格尔对立统一的逻辑。

这个逻辑到底有没有用呢？当你吃饭的时候，要盛锅里的饭，这时按黑格尔逻辑，你就应该马上思考到锅外面的世界。这当然对你吃饭是没有好处的，纯粹浪费时间。但这种思维或许对贵族是有用的，当贵族想到一个国家，先想到他的敌人，正因为有敌人，贵族才有存在的必要，国家才有存在的可能。他的对立精神决定论，导致了他国家至上主义理论的提出。

---

[1]　［美］撒穆尔·伊诺克·斯通普夫、［美］詹姆斯·菲泽著：《西方哲学史》，邓晓芒、匡宏等译，北京联合出版公司，2019年，第343—344页。

4.影响与意义

在康德解除了哲学家对哲学根源追问的要求之后，黑格尔的哲学应当是一次革命性的大胆尝试。

黑格尔试图整理人类精神发展的历史，说明智慧在历史中的作用，这在历史学上也是一大创新，对哲学家是非常有吸引力的。因为其他人写的历史大多是贵族武士们的暴力史，而当时只有黑格尔的历史可以讲述精神要素对社会发展的影响。这一点对于后世的哲学家来说具有相当大的号召力，马克思在内的很多人都希望用自己的理论解释历史的合理性。不过由于黑格尔非正统的哲学立场与知识的局限性，他对历史的解释不那么让人满意，因此他的理论必然在现代社会中被抛弃了。

四、孔德

1.背景

"实证的一代"以孔德实证主义命名，是为了纪念孔德这位哲学家，也是因为实证在当时成为一种普遍哲学思考方向，正如约翰·斯图亚特·密尔所说的"实证主义是这个时代的一般特质"[1]。

在孔德所处的时代，先天概念已经备受质疑，因为康德的先天概念可以使任何人去神圣化一些违背常识的观念。愚昧、残暴、贪婪等观念都可以被权威粉饰为先天不可动摇的原则，例如达尔文关于动物弱肉强食的进化论被当作先天原则用在人的身上。

这时，20多岁的孔德开始出版了一套丛书，这就是他的《实

---

[1] ［美］撒穆尔·伊诺克·斯通普夫、［美］詹姆斯·菲泽著:《西方哲学史》，邓晓芒、匡宏等译，北京联合出版公司，2019年，第375页。

证哲学教程》，这套书是他的一部更大的著作《实证的政治学体系》的思想基础。不得不说，人类的一些根本性问题的发现，往往由可以完全重新审视世界的年轻人完成。

2.观点

（1）实证主义与前人的不同。

我们知道康德的先天概念是先天直观无须证实的，它是以代数学与几何学的基本公设无须证实为依据提出的理论。

孔德则要求概念必须以事实经验为基础，他说："任何不能被最后归结为对事实的简单阐明的命题，不论是特殊的还是一般的，都不可能具有任何实在的或可理解的意义。"[1]

我们可以看出它和培根经验归纳理论的不同，培根提出了归纳、总结经验的方法，这与一些抽象概念是没有直接联系的。而孔德是允许理论中有先天抽象的概念，但是这些概念必须能用事实简单阐明。

（2）孔德的人民不平等说。

人到底是不是应该完全公平？孔德从社会实际情况出发做了分析。

孔德认为观念只表明思想运动，很明显经历了三个阶段。

第一阶段就是神学阶段，在其中人们依靠神的原因性力量来解释现象。第二阶段是形而上学阶段，它以非人格的抽象力量取代了以人类为中心的神性概念。第三阶段是实证主义的阶段，或者说科学的阶段。它只考虑现象之间的恒常联系，而放弃了超

---

[1]　[美]撒穆尔·伊诺克·斯通普夫、[美]詹姆斯·菲泽著：《西方哲学史》，邓晓芒、匡宏等译，北京联合出版公司，2019年，第378页。

出我们经验之外的存在者来解释事物的一切尝试。[1]

在前两个阶段的政治结构，他认为神学阶段产生奴隶制和军事统治的国家。形而上学阶段则必然产生自由民主的设想，以及人人平等之类无根据的教条。孔德相信这些观点必须让位给清楚的科学事实，即人民是不平等的，并在社会中发挥不同的作用。

应该说孔德的分析是从当时的社会情况出发的，但是他没有把握住历史的前提。

在孔德之前较早的年代，人们已经奠定了可以不平等的基础：①亚里士多德的批判观念，指明尊重法律下的人人平等，或者说人们违反法律的惩罚是相同的；②斯多葛学派认为人的心灵中存在着神圣的"火"的观念，这是一种自然力量权利的平等；③基督教认为所有人都是上帝的子民，这是一种心灵上的平等。只有在前面三类平等权利都获得的社会里，我们才可以实现人们的财富按效率分配，这时，我们在财富的获得上才是允许不平等的。

在没有获得以上三项权利的时候，我们要争取以上三项权利的平等。如果人们已经获得了上面三项权利的平等，还要求财富获得的平等，那么社会财富的生产将陷入因为没有正向激励而产生的停滞。这也就是孔德从工商业人士的角度，认识当时人民的不平等的现实合理性。

（3）孔德的社会学。

作为法国的思想家，孔德对法国大革命时期的流血暴力冲突印象十分深刻，因此他希望社会可以进行非暴力的改革。在社

[1] ［美］撒穆尔·伊诺克·斯通普夫［美］詹姆斯·菲泽著：《西方哲学史》，邓晓芒、匡宏等译，北京联合出版公司，2019年，第378页。

会的变革中静力学成分如家庭、私有财产、语言和宗教,这些成分的基本概念是不能改变的。而动力学成分是这些要素的一些细节,对这些细节的改变就可以促进社会的进步。

这样,孔德的社会学既保证了社会的稳定,又可以促成社会细节上根据经验需要的不断改变,应该说这种理论非常类似于英国传统经验主义对社会事业的影响。所以孔德的思想在他生前就在英国有大批的拥护者,而在他的祖国(法国)却难以被官方认可。

孔德相信宗教是让社会学动力学与静力学系统运行良好的关键,但构成宗教的不应当是对超自然的存在者的膜拜,而应当是对人性的崇拜。为此孔德还专门建立了一种人道教,这不禁让我们想起了2000年前古希腊的恩培多克勒,同样是经验派哲学家,同样是为了工商业人士的现实精神需求而建立宗教。

对于孔德抛弃罗马天主教的一切超自然要素而建立它的一个世俗化翻版的企图,约翰·斯图亚特·密尔说:"一种让人忍俊不禁的滑稽气氛笼罩着孔德的宗教,而当别人可能会发笑时……我们却宁可为一位伟大思想家的这种可悲的堕落而痛哭。"[1]不过笔者却不这么认为,笔者觉得孔德敏锐地发现了经验派传统哲学缺少对精神和谐统一的追求,孔德能够勇于尝试建立人道教,比起密尔的盲目与无知让人佩服得多。

3.影响与意义

孔德第一次明确提出了实证主义理论,对康德倡导的先天概念提出了一种实证检验的方法,从而使我们能够较为科学地

---

[1] [美]撒穆尔·伊诺克·斯通普夫,[美]詹姆斯·菲泽著:《西方哲学史》,邓晓芒、匡宏等译,北京联合出版公司,2019年,第381页。

运用一些无法解释其本质的概念，它引导了大批哲学家为理论寻找实践依据的工作。

孔德用实证主义建立的社会学，可以看成经验派哲学单独完成社会管理理论的尝试。他的实证主义理想激发了后来几代人为把社会学变成一门"科学"的辛勤努力，他是当之无愧的现代社会学的创始人。

五、罗素

1.背景

在20世纪初的前20年里，一些精神派哲学家仍然在随心所欲地抽象出先天概念作为理论基石，并且学习黑格尔使用自我对立的概念与自相矛盾的逻辑。例如，麦克塔加特的著名观念"时间是非实在的"，在摩尔看来就是"怪诞到了家的"。这就启发摩尔去分析语言,特别是从常识观点出发澄清日常语言。而罗素则是一位卓越的数学家，受过精确思想的训练。[1]与毕达哥拉斯、笛卡尔一样，罗素希望把数学的方法运用到哲学上来，从而使哲学家们的先天概念可以接受逻辑上的实证考验，他希望提出某种逻辑学说和以这一学说为基础的某种形而上学。

2.观点

（1）逻辑原子主义的原理。

罗素说:"世界上的事物具有各种属性，处于各种各样的相互联系之中。它们具有这些属性和关系，这就是事实。"[2]

---

[1] ［美］撒穆尔·伊诺克·斯通普夫、［美］詹姆斯·菲泽著:《西方哲学史》，邓晓芒、匡宏等译，北京联合出版公司，2019年，第451页。

[2] ［美］撒穆尔·伊诺克·斯通普夫、［美］詹姆斯·菲泽著:《西方哲学史》，邓晓芒、匡宏等译，北京联合出版公司，2019年，第451页。

同样，思考复合体的问题，必须从分析诸事实开始。罗素的基本假定是既然事实拥有其组成部分，它们就必定在某种意义上是复合的，因而必定是可以分析的。[1]

于是，他把诸事实构成的复合体与语言的复合体相配，这样他就达到了用语言确切地表达事实。

（2）逻辑原子主义的方法。

分析事实最基本的部分，把它看成"事实"的原子，用一个思考的符号来代表它，然后用逻辑关系判断由他们组成命题的真假。

我们把符号分配给我们的原子命题。比如，用字母 p 来表示原子命题"我累了"，用 q 来表示"我饿了"。然后，我可以用像"且""或"这样的逻辑连接词来把这两个原子命题联结在一起。结果就得到一个分子命题，例如，"我又累又饿"这个分子命题可以用符号表示成表达式"p 且 q"。[2]

按照罗素的观点，不存在同整个命题"我又累又饿"相对应的单个原子事实。这时，我们如何检验像这样的分子命题的真假呢？这个陈述的真假取决于组成它的原子命题的真假，例如，如果"我累了"为真，而且"我饿了"也为真，那么，分子命题"我又累又饿"也为真。

（3）逻辑原子主义的困难。

第一，当我们试图说明全称陈述例如"所有人又累又饿"的时候，罗素的理论就有问题了。因为不存在"所有人饿了"这样

---

[1]　［美］撒穆尔·伊诺克·斯通普夫、［美］詹姆斯·菲泽著:《西方哲学史》，邓晓芒、匡宏等译，北京联合出版公司，2019年，第451—452页。

[2]　［美］撒穆尔·伊诺克·斯通普夫、［美］詹姆斯·菲泽著:《西方哲学史》，邓晓芒、匡宏等译，北京联合出版公司，2019年，第452页。

的原子事实，这是普遍的事实。

第二，如果只有那些陈述事实的命题才是有意义的，那么哲学就失去了抽象地认识世界规律的作用。于是，这就会使得逻辑原子主义和大部分哲学成了无意义的。

（4）《西方哲学史》。

罗素在《西方哲学史》一书中持有相对客观、公正的原则，他一改黑格尔以来对哲学和历史牵强附会的解释，不过也突出了精神派学者甚至宗教在哲学中的分量。

3.影响

罗素用精神要素重新准确地认识世界的尝试，加上其精神派哲学家的人格魅力，深深影响了在各国学院中影响巨大的逻辑实证主义的发展。罗素的哲学在思想上是包容的，他并不会为理论的完美而改写历史事实，他的《西方哲学史》是一本摆脱暴力主导的智慧叙述史，为世界上更多的人可以参与到哲学研究之中做出了卓越贡献。

六、尼采

1.背景

贵族派的哲学家具有这样的特点，一旦为高层欣赏则功成名就，享受国师般的待遇，如柏拉图、霍布斯、黑格尔、萨特。但这仅仅是少数，更多的贵族派哲学家，如苏格拉底、卢梭、尼采，他们自认为自己的道德水准很高而不愿从事工商业。他们在社会上对于普通权贵不屑于用自己的才干去逢迎，对于普通群众又轻视，因此经常陷入了被平常人轻视的困境之中。

尼采就是一个有着好好生活不过，要把自己陷入生活困境以致最后疯狂的典型。在他出生的时代，叔本华已经在精神世界中不再承认上帝的存在性，而黑格尔又提倡一种国家至上的理念迎合本地的精英贵族。叔本华哲学中摆脱上帝后的寒意和孤独，加上黑格尔国家至上理念的盲目与狂傲，还有现实中人文达尔文主义对弱肉强食运用在人类身上的鼓吹，这让任何一个敏感的贵族派思想家都能感到战争的临近。如同苏格拉底经常问鞋坏了应该由谁来修，一个国家应该由谁来统治一样。尼采不希望国家在战争中由一群不懂战争的平民来带领，最后落的一个古雅典城邦的下场，因此他提出了一套能适应战争的理论。

2.观点

（1）美学的提出。

对于上帝影响力消失，尼采的心情是矛盾的，一方面这是贵族与贵族派哲学家大展拳脚的好时代，另一方面他自己也感到寒意和孤独。于是他希望寻找一些被前人提出的先天概念来填补自己的内心空白。

他认为只有作为一种美学现象，人类存在和世界才能被永远证明是合理的。他用古希腊关于日神阿波罗和酒神狄俄尼索斯的观念来证实他关于人性的基本洞见。

（2）阿波罗与狄俄尼索斯。

阿波罗是秩序、节制和形式的象征。

狄俄尼索斯象征人性与生命的统一，这里的生命就是叔本华所说的生存的意志。生存的意志加上人性无限的欲望，也就是狄俄尼索斯代表灵魂中否定的和毁灭的黑暗力量，如果不受限制的话，它就会荒淫残暴到登峰造极的地步，浑如最凶残的野兽。[1]

因此阿波罗所代表的就是有秩序、有节制、有形式感的贵

---

[1]　［美］撒穆尔·伊诺克·斯通普夫，［美］詹姆斯·菲泽著:《西方哲学史》，邓晓芒、匡宏等译，北京联合出版公司，2019年，第406页。

族。而狄俄尼索斯所代表的就是被生存本能和欲望驱动的平民大众，或者说工商业人士。

尼采认为，古希腊悲剧表明，人的生命必然包含黑暗的汹涌的情欲力量，这就是创作艺术作品的契机，没有狄俄尼索斯的刺激，就不会有艺术出现。

这样，阿波罗与狄俄尼索斯是相互依存的，就如贵族和平民是相互依存的一样。

尼采认识到工商业人士是更具决定性的力量。但是他们无限的生存意志最终是毁灭生命的。因此，尼采寄希望于古希腊的做法：融合狄俄尼索斯因素与阿波罗因素，或者说在社会中让贵族驾驭工商业人士，在这种驾驭中实现两者的共存。

（3）主人道德与奴隶道德。

了解阿波罗与狄俄尼索斯所代表的含义，就可以理解尼采所说的主人道德与奴隶道德。主人道德就是贵族们的道德，而奴隶道德就是工商业人士的道德。

主人道德中，"善"总是意味着"高贵"，"有着高级的灵魂"。他们并不从自身之外寻求任何对他们行动的认可。这些高贵人的行动是出自他们总是要充溢而出的权力感。他们帮助不幸的人，但并不是出于怜悯，而是出于一种由权力丰溢而产生的冲动。他们以各种形式的权力为荣，乐于经历严酷与困苦。他们也尊崇一切艰难困苦。[1]尼采这些主人道德标准与斯多葛学派的道德标准是基本一致的。

奴隶道德中，"善"代表所有那些能够有助于减轻受害者痛苦的品质，诸如"同情、善意的援助之手、热心肠、耐心、勤奋、

---

[1] ［美］撒穆尔·伊诺克·斯通普夫，［美］詹姆斯·菲泽著：《西方哲学史》，邓晓芒、匡宏等译，北京联合出版公司，2019年，第407页。

谦卑、友善"[1]。尼采认为，奴隶道德本质上是功利性的道德，因为道德的善包括任何对那些虚弱无力的人有益的东西。尼采的奴隶道德标准就是工商业人士的普遍道德标准。

具有奴隶道德的人必然被具有贵族道德的人所征服，因为工商业人士只有生命意志，而贵族有权力意志。如尼采所言："最强有力的和最高的生命意志并不在可怜的生存斗争中寻求其表达，而是在战争意志中寻求其表达。哪里有权力意志，哪里就有进行征服的意志！"[2]

（4）超人。

尼采认为，基督教道德是对自然道德的一种颠倒，所以必须以追求诚实和准确的名义拒绝传统道德。他把基督教真理看作披上了伪装的自私和羸弱，他们的宗教是在精心创造一种心理武器，道德的侏儒凭着这一武器来驯服自然的巨人。

在彻底解除基督教对贵族的约束之后，将产生能够自由把握权力意志的超人，超人模型是他心目中的英雄歌德和"拥有基督灵魂的罗马凯撒"，只有超人能把人们从毁灭中拯救出来。

3.影响

尼采和柏拉图、卢梭、萨特这些贵族哲学家一样有着优美的文笔，以及引人入胜的对立面描写。这可以使那些明明是工商业人士的读者也被他的理论所感染，激起那种人性中潜在的争斗意识。对于一支军队来说，如果军人们多读尼采的书，确实可以增加他们的战斗力和服从性。

[1] ［美］撒穆尔·伊诺克·斯通普夫﹑［美］詹姆斯·菲泽著：《西方哲学史》，邓晓芒、匡宏等译，北京联合出版公司，2019年，第407页。

[2] ［美］撒穆尔·伊诺克·斯通普夫﹑［美］詹姆斯·菲泽著：《西方哲学史》，邓晓芒、匡宏等译，北京联合出版公司，2019年，第408页。

尼采强调基督教影响消退后贵族哲学在欧洲的作用，萨特、海德格尔、弗洛伊德、鲁迅等都深受尼采思想的影响。不过尼采的理论与他想制衡的工商业道德一样，他的理论是单方面的、缺少制衡的。在当时的历史条件下，按他的理论单方面实施下去，我们将获得的超人是希特勒，而不是有共和信仰的凯撒。

七、皮尔士

1. 背景

当哲学跨越19、20世纪之交的时候，边沁、黑格尔、叔本华在他们各自的哲学领域内使用一些片段的先天概念，模仿自然科学研究方法的努力均已经证明失败。一些哲学家开始论证先天概念的有效性，再对一些先天概念进行有效的应用，如孔德、罗素、尼采。即使这样，这种使用论证过的先天概念的哲学系统还是不能让人满意。哲学地位不断被各种社会科学如经济学、心理学侵蚀，哲学提出自己存在的理由已经成为当时最急需解决的问题。经验派哲学家皮尔士提出了具有实效的实用主义观点，成为经验派哲学求存一代的杰出代表。但在他生前，还是实证的一代占据了社会主流，直到他的继承者杜威等人把他的理论发扬光大，其理论才成为美国社会的主流。

2. 观点

（1）实用主义。

皮尔士的基本观点是"我们对于任何事物的观念就是我们对于它们的可感效果的观念"[1]。这就是其认识事物的基本原则，他在这个原则之上对各种抽象的概念进行判断，决定哪些抽象

---

[1] ［美］撒穆尔·伊诺克·斯通普夫〔美］詹姆斯·菲泽著:《西方哲学史》，邓晓芒、匡宏等译，北京联合出版公司，2019年，第421—422页。

概念或者说先天概念是可用的。

哲学前辈们使用各种不同的方法认识概念，以笛卡尔为例，笛卡尔认为，理智上的确定性在于"清楚明白"的观念，即直觉来把握。这样一来，我们的心灵就是能够与周围环境隔离开来进行成功运作的纯粹的理论工具。皮尔士反对前人这些假设，他认为，思考总是在一定的背景中发生，而不是与背景隔绝开来的。我们得出意义，不是通过直觉，而是依靠经验或实验。[1]例如，"硬"和"重"这两个形容词之所以有意义只是因为我们能够设想出某些与这些词相联系的具体效果。因此，"硬"是指不能被很多东西划破，而"重"是指如果我们松开它的话它就会下落。[2]作为概念其效果不是个人性或私人性的，而是社会性、公共性的，如果不能够通过概念的效果或公共性的结果来对之加以检验，这些概念就是无意义的。

皮尔士把这种先用公共认可的实验检验概念效果，再使用各种概念的思想称为实用主义。

（2）信念的种类。

皮尔士不只要用实验检验概念的效果，而且要把他的理论提升到一个精神的高度，因此他提出了信念问题。皮尔士认为信念介于思想和行动之间。信念指引我们的欲望，也决定我们的行为。

皮尔士认为信念分为四种：

①固执的方法，人们可以靠这种方法死抱着信念不放，拒

---

[1]　［美］撒穆尔·伊诺克·斯通普夫〔美］詹姆斯·菲泽著：《西方哲学史》，邓晓芒、匡宏等译，北京联合出版公司，2019年，第422页。

[2]　［美］撒穆尔·伊诺克·斯通普夫〔美］詹姆斯·菲泽著：《西方哲学史》，邓晓芒、匡宏等译，北京联合出版公司，2019年，第421页。

不加以怀疑，拒不考虑那些支持旁的观点的论证或证据。

②权威的方法，拥有权威的人以施加惩罚相威胁来要求人们接受一定的观念。

③理性的方法，即柏拉图、笛卡尔、黑格尔那样的形而上学家或哲学家所用的方法。在皮尔士看来，这些哲学家对信念问题的解决方式是看概念是否合乎理性。

④科学的方法，这种方法的主要优点就是它有现实的经验基础。皮尔士认为这种方法使用的概念是公共认可的实验检验过的，因此是建立在真实事物之上的，这也是皮尔士的方法。

（3）实施的方法。

①科学的方法要求我们不仅说出我们所相信的真理，而且要说出我们是如何获得它的，要达到真理的过程可以让所有人重复检验无误。

②科学的方法具有很强的自我批判性。它不仅能经过严格的检验，而且一种理论的结论是根据新的证据和新的思维而调整的。

③皮尔士认为科学需要科学团体的所有成员的高度合作，这种合作防止了任何个人或组织为了自己的利益而改变真理。

3.影响

皮尔士把用实验检验概念效果的"实用主义"理论做了相当全面的思考，提出了一套实用主义的操作方法，并把它提升到信念的精神层面高度。因此，他的理论比孔德的实证主义侧重于关心先天概念的求证又进了一步。在他的后继者詹姆斯、杜威等人的不断完善之后，他的理论成为美国这一经验派哲学新据点的主流理论。

八、胡塞尔

1.背景

胡塞尔的哲学产生于他的这样一种牢固的信念：西方文化丧失了它的真正方向和目的。在古代，自从毕达哥拉斯学派把精神引入哲学之后，哲学就包含着独立的精神思考的要素。而现在，随着自然科学的不断成功，更多的人认为自然从根本上讲是物质的。根据这一观点，精神的领域，即个人的文化知识是以物质的东西为基础的，这种看法对我们的认识、价值和判断的概念构成了根本性的威胁。自然科学家否认建构一门独立自主的精神科学的可能性，这直接否定了精神派哲学存在的理由。

2.观点

（1）精神独立的明证。

胡塞尔认为，从这种自然科学态度出发，不可能有纯粹独立自主的对精神领域的探讨，不可能有纯粹向内的心理学或关于从一个心灵的自身经验中的自我开始而扩展到另一心灵的精神的理论，于是就只能走一条外在的道路，即物理学和化学之路。[1]

我们前面说过笛卡尔通过怀疑精神建立起他的体系，胡塞尔甚至采取了一种比笛卡尔更彻底的方式，因为他企图建立一种不带任何预设的哲学，只注意"事情和事实本身，正如它们在实际经验和直观中被给予的那样"，"只根据明证性（evidence）下判断"。[2]

---

[1]　［美］撒穆尔·伊诺克·斯通普夫〔美］詹姆斯·菲泽著：《西方哲学史》，邓晓芒、匡宏等译，北京联合出版公司，2019年，第475页。

[2]　［美］撒穆尔·伊诺克·斯通普夫〔美］詹姆斯·菲泽著：《西方哲学史》，邓晓芒、匡宏等译，北京联合出版公司，2019年，第475页。

　　为了证明意识是独立实存的，胡塞尔提出"我们对事物的感知由我们向意向对象的投射所构成，所以意识的本质就是意向性"。

　　这就如康德认为先天的时间和空间概念，是人的理性在认识物自体时加给物自体的。再举例说明：我们在商店里看到某个人，是我们的意向在投射到那个人给我们的感觉碎片之中，其实我们不可能看到商店里这个人的每个细节，我们在不自觉的意识下就只能看到这个人的某些重要的片面。每个人都会有这样的生活经验，因此这可以作为意识独立性的明证。

　　胡塞尔提出"现象学"这个术语的依据在于胡塞尔拒绝超越只有意识才有的那种明证性。即现象（它来自各种显现）。[1]

　　（2）现象学的加括号。

　　胡塞尔认为他已经证明了精神不依赖于物质的独立性，那如何认识外在的事物本身呢？康德认为我们不可能认识物自体，而胡塞尔也采取类似的方式，他的方法是把外在的事物的设想放在一边，或者说用括号把它们括起来。他将这种做法称为"现象学的悬搁"，在他看来至少在精神现象括号内他的理论是可行的。

　　在《巴黎演讲》中，胡塞尔指出："对于我来说，世界只不过是我所意识到的、在我的思想行为中有效地显现出来的东西。世界的整个意义和现实性完全依赖于我的思想的行动，我的整个在世的生活就在我这样的思想行为中进行。我不能在任何一个不在某种意义上在我之内、其意义和真理不是来自我的世界

---

[1]　［美］撒穆尔·伊诺克·斯通普夫、［美］詹姆斯·菲泽著：《西方哲学史》，邓晓芒、匡宏等译，北京联合出版公司，2019年，第476页。

中生活、经验、思考、评价和行动。"[1]

虽然这与康德的理论有相似之处，但他指出了这个作为"先验领域"的直接的意识现象世界，并否定任何企图先验于这个"先验领域"的哲学理论。所以他反对康德对现象和本体即经验和物自体的区分。

（3）生活世界。

既然精神现象的世界是先于其他一切的，那么我们将如何认识现代自然科学的庞大系统呢？胡塞尔提出了生活世界这一概念。

生活世界是由所有那些我们通常要介入其中的经验构成，包括精神对日常事务的许多方面的感知、反应、解释和整理。这个生活世界是科学从中抽象出它们的对象的那个本源。就此而论，科学只不过提供对现实的片面的把握。[2]

3.影响与意义

胡塞尔通过精神独立性的系统证明，指明了一条摆脱自然科学理论压制，独立研究意识现象世界的道路。他的研究虽然站在前人的基础之上，但其对概念的运用更加具有专业针对性。他的理论对海德格尔、梅洛·庞蒂和萨特这些现象学和存在主义的主要代表人物有巨大影响，尽管他们否定了胡塞尔许多关键性的思想，但他们所完成的著作仍然打上了现象学的印记。

---

[1] ［美］撒穆尔·伊诺克·斯通普夫、［美］詹姆斯·菲泽著:《西方哲学史》，邓晓芒、匡宏等译，北京联合出版公司，2019年，第477页。

[2] ［美］撒穆尔·伊诺克·斯通普夫、［美］詹姆斯·菲泽著:《西方哲学史》，邓晓芒、匡宏等译，北京联合出版公司，2019年，第478页。

九、萨特

1.背景

萨特生活在第二次世界大战的爆发时代，二战中黑格尔的国家至上主义和尼采的超人哲学都体现得淋漓尽致，人们对于残酷的战争已经相当厌倦。萨特还积极投身到法国抵抗运动中，当过德军的战俘。应该说人们不可能再热爱那种为战胜者准备的贵族哲学，但是对于一个追求生存的反抗者来说，倒是很需要一种哲学来鼓舞他们的勇气。

2.观点

（1）存在先于本质。

萨特认为在信仰上帝的时代是将上帝作为一位天工来看待的，这就意味着当上帝进行创造时，他对自己正在创造什么一清二楚，因此人作为上帝的创造者是具有本质的。但是包括狄德罗、伏尔泰和康德在内的一些18世纪的哲学家，要么是无神论者，要么贬低上帝的观念。尽管如此，他们还是有这样的想法：人拥有一种"人的本性"。

萨特通过严格理解的无神论将这一切彻底扭转了过来。他相信，如果没有上帝，那么就没有被"给定"的人的本性，因为没有上帝来构想这种本性了。人的本性不能被预先规定，因为它不能被预先完全构想出来。人本身仅仅是存在着，只是后来我们才成了我们本质的自我。[1]

因此我的本质是我通过实践成为的样子。一个人是具有比一块石头或一张桌子更高的尊严的，而给我以尊严的是我拥有主体性的生活，这意味着我是某种让自己走向未来的东西，并且

---

[1] ［美］撒穆尔·伊诺克·斯通普夫、［美］詹姆斯·菲泽著:《西方哲学史》，邓晓芒、匡宏等译，北京联合出版公司，2019年，第487页。

我意识到我正在这样做。[1]

"存在先于本质"的真实含义在于我们与石头或者桌子的不同在于我们自己争取得到比石头或者桌子更高的地位与尊严，这种争取也可以看成一种争夺或者斗争。如果没有这种争取，人就与石头或者桌子无异。

（2）自由和责任。

萨特作为贵族派的哲学家，谈论存在先于本质的目的就是引出道德与责任，从而建立一种稳定的社会内部秩序。

他认为，我们必须为自己的自由选择负责，我们如果想有尊严地拥有主体性的生活，我们选择这样或那样的行为方式时，我们就肯定了我们所选择的东西的价值，并且没有任何东西对于我们每一个人来说更好，除非它对所有的人都更好。对于萨特来说这是成为一个有尊严的人的必然选择，但它的结论形式非常像是康德的绝对命令。[2]

（3）世界的存在。

萨特认为世界上有两种存在：

①自在的存在，例如石头就是这样存在的，它只是存在着。在一定意义上，我与任何别的种类的存在着的实在并无二致。我存在着，以和别的事物同样的方式存在着，即不过是"在那里"而已。

②自为的存在，它要求作为一个意识主体而存在，这点只有人做得到，而事物，如石头则做不到。[3]

---

[1]　［美］撒穆尔·伊诺克·斯通普夫、［美］詹姆斯·菲泽著：《西方哲学史》，邓晓芒、匡宏等译，北京联合出版公司，2019年，第488页。

[2]　［美］撒穆尔·伊诺克·斯通普夫、［美］詹姆斯·菲泽著：《西方哲学史》，邓晓芒、匡宏等译，北京联合出版公司，2019年，第488页。

[3]　［美］撒穆尔·伊诺克·斯通普夫、［美］詹姆斯·菲泽著：《西方哲学史》，邓晓芒、匡宏等译，北京联合出版公司，2019年，第490页。

萨特认为自在的存在，是作为"各种事物混成的浆糊"的存在，只有我们用意识去认识它的时候，那才是我们认识的那个样子。一条山谷对农夫来说有某种意义，对野营者来说则有另一种意义。

意识将世界上的诸对象和作为主体的有意识的自我明确地区分开来了，因此他与叔本华等悲观的精神派哲学家拉开了距离，萨特要用贵族的尊严捍卫自己的存在与价值。

意识的活动在这一点上是双重的。第一，意识界定了世界上的特殊的事物，并赋予它们意义；第二，意识在它自身和对象之间拉开了距离，并且以这种方式从这些对象上获得了自由。[1]

（4）虚无与坏的信仰。

萨特在说了如何有尊严地拥有主体性的生活后，就描述了一种对立的选择。

萨特说，任何实在只有在行动中才存在。我们只是我们行动和目的的总和；除了我们的日常生活外，我们什么也不是。如果我是一个懦夫，那么，是我自己把自己造成一个懦夫的。这不是我懦弱的心脏、肺脏或大脑造成的。我是一个懦夫，是因为我通过我的行为把自己变成了一个懦夫。

这里绕了一圈又回到了尼采、海德格尔所说的意志。

他认为，我们受命运、神秘的内在力量、巨大激情或遗传的摆布，都会导致非本真的坏的信仰或自欺。[2]在这里我们又回到了斯多葛学派那种断绝财富、命运、激情对自身影响的经典贵族理论。

---

[1]〔美〕撒穆尔·伊诺克·斯通普夫、〔美〕詹姆斯·菲泽著：《西方哲学史》，邓晓芒、匡宏等译，北京联合出版公司，2019年，第491页。

[2]〔美〕撒穆尔·伊诺克·斯通普夫、〔美〕詹姆斯·菲泽著：《西方哲学史》，邓晓芒、匡宏等译，北京联合出版公司，2019年，第490页。

　　萨特认为，人的存在中有一种绝望的因素，那就是死亡。他说，死亡就是一种"虚无"，"像一条蠕虫一样盘绕在存在的中心"[1]。因此我们要过有尊严的生活，过自己应该过的生活，否则就是逃避责任与虚无的非自我生活。

　　萨特在持批判态度的虚无主义热情上与尼采非常接近。对任何规范、极微小的限制，甚至一点儿习俗和传统的迹象都表示怀疑，可以说他是继卢梭之后左派白人激进代表，他们都希望把贵族派哲学提倡的自然赋予的神圣性原理使用在工商业主导的社会理论上。因此他们对于同性恋歧视、种族歧视等现象有着接近无原则的敌视。

　　3.影响与意义

　　在这个工商业文明相当发达的时代，萨特是一个像熊猫一样稀有的贵族派哲学家。他把自己的理论特性埋藏得很深，并去除了部分尼采、黑格尔那种妄自尊大的侵略性以适应工商业文明，他的理论是为贵族哲学的生存而建立的。

　　在这个物欲横流的时代，还有多少人坚守心中的尊严，愿意做一个贵族呢？

　　萨特拒绝接受诺贝尔奖，他的思想本质上认为尊严与自由比人为设定的荣誉和莫名飞来的财富更重要。

---

　　[1]　［美］撒穆尔·伊诺克·斯通普夫、［美］詹姆斯·菲泽著:《西方哲学史》，邓晓芒、匡宏等译，北京联合出版公司，2019年，第489页。

第七篇　关于西方哲学史上的前沿问题

一、数学非先天直观的如何成为可能

1.背景来源

我们现代人如果想在哲学上有新的突破，就要承接前辈的理论，这里主要指的是文化派哲学家康德的理论，笔者后面的理论会谈到一个类似物质体的自然世界，但是正如笔者前面所说的。

这里，笔者先将对康德的先天的概念提出异议，这也是来源于亚里士多德的理论。

如果想要重新构建严密的哲学体系，首先就应该说明亚里士多德通过理智直观认识的缜密的数学如何成为可能。

前面谈到过毕达哥拉斯、罗素用数学解释世界，笔者这里也有一个重新定义数学推理的理论，大家可以做一个比较。

2.直观原理的真相

首先我们知道数学的逻辑并不是三段论的逻辑，而是等价推理的逻辑，这是怎么成为可能的呢？这要用以下两个新名词，一个叫作命题定义，一个叫作规则定义。

命题定义是指单个数学符号或表达式的定义，如我们定义1、2、3，或者 $1+1=2$。

规则定义是指一个数学符号使用规则的定义，如我们的10进制定义，进位的名称定义如10万、100万、100亿。

应用：如我们拥有了1—10共10个数的命题定义、10进制与进位名称定义之后，我们就可以获得无穷的类似于命题定义的数。

同样，我们再加上一个加法的命题定义，我们就可以定义1—10每个数都是由前一个数加1获得。

如：$1+1=2$，$2+1=3$，$3+1=4$，$4+1=5$。我们由$3+1=4$与$2+1=3$可以转换为$2+1+1=4$，我们由$2+1+1=4$与$1+1=2$可以转换为$2+2=4$。

所以我们可以由三个表达式命题定义$1+1=2$、$2+1=3$、$3+1=4$，及1、2、3、4的命题定义，得知$2+2=4$是与$3+1=4$等价的真命题。

$2+2=4$并非什么先天直观概念，也并非我们直接定义得到，而是通过等价推理获得的真概念。而规则定义可以使我们有无限多的数可以用，我们可以用这种等价方法获得任意的等价命题，如$101+99=200$，就可以看成101累加1这个数99次获得的等价命题。

只是我们抽象出了进位的加法规则，让我们平时可以用进位的加法规则直接相加。但这种进位的加法规则绝不是先天的，而是我们用已有命题定义与规则定义推导出来的。

同样在几何学中，圆被定义为在一个平面内，一动点以一定点为中心，以一定长度为距离旋转一周所形成的封闭曲线。

欧几里得的《几何原本》上是这么定义直线的："直线是它上面的点一样地平放着的线。"应该说几何学中有很多的规则定义，每个定义都包含了无数拥有某种特性的点，这样几何学的等价转换更加明显。

所以我们得出结论，数学只是我们认识事物重复出现的方法，绝不是什么先天就有的抽象概念。

二、形而上学之框架选取理论

1.来源

我们前面说到亚里士多德的形而上学理论可以看成一种框架，同样，我的认识理论是一种具有框架性质的选取理论。我们先要强调前面学过的概念，就是数学里用的不多的命题定义与规则定义的结合可以产生无穷无尽的数。

在传统的认识中，我们总认为经验到的事物是无穷无尽多，而我们认识方法可以枚举的数目是有限的。但实际上确实相反，我们经验到的事物是有限的，单单代数学中对数字的个数的定义就是真正无限的。因为我们可以从无限的代数学中取出我们所需要的数字，来代表我们所经验到的现实，同时数学是按规则和命题两种定义规定的，所以我们所经验到的事实也将符合规则和命题的要求，例如我们数了100张纸，再数100张纸。每一次计数，都是把我们无限的数的定义的规则运用在计数之中，因为我们计数是利用了数学的规则，所以两次点数100张纸相加一定等于200。按照规则定义100，加100次单个的1就等于200。而100+100=200，这个算式是我们按规则定义简化的一个等价算式。从这个例子我们可以看出，数学之所以具有确定性，是因为我们的规则定义给了我们无限的可能性与使用的准确性，我们用精神上确定的无限可能的东西，套用在现实的重复的计数上，获得的计数结果也就是准确的。同样我们在物理学、化学等各门自然学科之中，也是先做一些规则定义和命题定义，只要这些规则和定义是自成体系的，那么它就可以部分地说明自然科学的部分现实现象，如果要使规则定义和命题定义能够说明更多的现象，就需要不断更新规则定义与命题定义来适应我们不断增加的经验。例如古代的地心说非常适合我们用肉眼观察星体。在近代，我们有了天文望远镜之后，日心说非常适合我们以太阳为参照观察、计算星体运动。而在现代，我们不再以太阳为宇宙的中心来观察星体，有一种解决方法是在宇宙中定位，通常是以三个以上的已知恒星观察夹角来定位。从这里我们可以看出物理学之所以理论经常变动，是因为它的规则定义经常需要更改，以适应与解释我们新增加的经验，从这一点上来说化学规则定义改变不大，因此基础理论的变化不太明显。这里再与我们前面三个世界假设内容结合。我们对三个世界基本范畴的认识，可以提出三条假设。自然世界因为各种微粒的运动，所以被感知。这一理论将被我称为自然认识假设。每个人获得的经验知识及文化知识，并分析综合而形成的个人的思维世界称为精神世界。笔者将这一理论称为精神认识假设。由抽象经验知识经过众多人精神世界认可的知识世界称为文化世界，这一理论将被笔者称为文化认识假设。

2. 设想

我们可以大胆地认为我们在文化世界中获得了许多规则定义和命题定义的知识，在个人的精神世界中，我们把规则定义与命题定义套用在我们认识的自然世界之中，如果套用的结果对我们有效，或者说可以给我们带来幸福，我们就认可这些定义，如果这些定义根本无效，我们就拒绝采纳这些定义，甚至提出一些新的定义。

框架选取理论流程如图2。

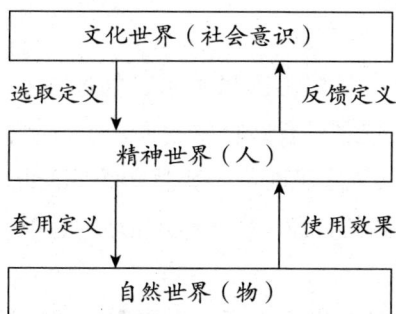

图2　框架选取理论流程图

3.类比

我们可以拿计算机做一个类比。

文化世界相当于计算机的语言系统。各国文化不同，相当于各类计算机语言不同。

精神世界相当于每台计算机，它可以安装各种处理软件，相当于我们学的各门科学，我们用来综合处理各类问题。

自然世界相当于计算机模拟的真实世界，自然世界给我们的各种感觉相当于键盘、鼠标的输入。

精神世界，即计算机得出各类计算结果，指导我们的力量系统去做各种操作，从而让我们的精神系统，即计算机以后获得更好的感觉。

精神世界，即计算机处理自然世界有效的方法，总结之后上传到文化世界，即计算机的语言系统经过检验，开发出更多实用的计算机语言命令。

这当然是一个简单的类比，但也能让更多人了解形而上学之框架选取理论。

三、因果性如何成为可能

1.源头

亚里士多德最早提出因果关系，如他在《形而上学》中所言："有经验的人较之只有些官感的人富于智慧，技术家又较之经验家，大匠师又较之工匠富于智慧，而理论部门的知识比之生产部门更应是较高的智慧。这样，明显地智慧就是有关某些原理与原因的知识。"

接下去，他又提出四因说，对原因问题概括了四种解释模式，即质料因、形式因、动力因、目的因。

后人对因果关系的认识往往没有从经验着手，并且也没有对原因进行更深刻总结的分类。

休谟否定了经验派哲学的因果性观念，前文说了其对于因果联系的论述，他的回答是并没有与这个观念相应的印象。[1]

经验只能提供给我们两种关系：

（1）接近关系，因为A和B总是紧密靠在一起的。

（2）先后关系，因为A这个"原因"总是先于B这个"结果"的。

例如：对氧气无论观察多少次都不能告诉我们当它与氢混合时就必然会给我们带来水。我们知道这一点只是在我们看到它们在一起之后，因此我们能够从一个对象推断出来另一个对象的存在，这只是通过经验。

休谟把因果性本身看成一种经验的片段来讨论因果性，从而得出了因果性的不可能，最终推出从经验论获得认识符合逻辑体系是不可能的。

实际上各个流派的认识工具是交叉使用的，文化派大师亚

---

[1] ［美］撒穆尔·伊诺克·斯通普夫、［美］詹姆斯·菲泽著：《西方哲学史》，邓晓芒、匡宏等译，北京联合出版公司，2019年，第279页。

里士多德的因果逻辑理论运用在经验派哲学的理论中，是无须证明也无法证明的。因为这两种认识的出发点不同，就如亚里士多德"四因"的思想，每种类型的原因都有自己的论证体系，不可以从"质料因"的问题得出"目的因"的结果，从这点上来说，洛克不深入讨论因果性的实用主义是非常明智的。以康德为例，康德认为因果关系是理性加给经验的，从理性的角度来说，当然有一定道理，但是把因果关系看成一种先验，就等于把现存的因果关系提到了不可改变的高度。

笔者所推崇的形而上学最重要的功能就是建立在概念之间的联系，能认识概念因果关系是其重要的作用。

2.因果的来源

我们可以通过框架选取理论认识因果理论。

例如：古代某位善于思考的人要认识一张桌子，就把面板与几条腿的概念从文化世界中选取出来，套用在自然世界中，得出桌子的概念。并且在实际生活中使用这个概念，感觉使用效果良好。于是他就把这个概念反馈到文化世界之中，文化世界有很多人从各个方面讨论桌子的各种定义，他们一致认为把桌子定义为面板加几条腿，是一种理性的定义方式，这个定义把桌子清楚地描述为"面板"与"几条腿"这种已有概念的组合。因此，我们后人就可以引用文化世界的内容，说凡是桌子都是有面板有腿的，或者当我们在任何一个地方看到一张桌子时，我们都可以说，因为它是一张桌子，所以它必有面板必有腿。这就是因果关系的真正来源。

从这个事例我们可以看出，因果关系来源于经验，并且事物的因果关联确实成型于理性，但这个理性是由首倡者提出，而文化世界确定的理性，并非先验的理性。从这个说明中我们可以看出，具有因果关系的知识，都有其首倡者，它把这种概念组合的关系先向周围的人传播，越来越多的人逐渐认可这种组合概念的定义，这些组合定义就具有了因果关系。

在人类历史上，更多的因果关系知识的首倡者，因为其理论对其他人无效而被淘汰了，这种淘汰是以对人的发展有效为最终检验标准的，而保留下的因果关系则是其形式对多数人是有效的。

3.理论延伸

我们看一个合理的因果关系，它在实践中其实已经经过了三个方面的检验：

（1）文化概念套用在自然世界是否在自我精神世界可以获得一致性。

（2）文化概念套用的效果是否可以让自我精神世界满意。

（3）文化概念的套用是否可以为文化世界所接受。

能够经历这三方面检验的因果关系，就被当时的人认为是科学。

在人类的认识长河中，只有人们不断提出因果关系的新概念，并交由文化世界判断，才能一方面不断增加因果关系的数量，一方面改进过去不合时宜的因果关系。这样，我们现在才有无数现实的因果关系概念可以使用，这一切并非来源于神圣或先天，而是一代代智慧人士的努力。

这样我们有了一种可以与历史结合的因果认识观，这是过去一切因果理论所不具备的。这种因果认识论可以让我们从各种因果关系的定义进化史来认识因果，从而把因果认识建立在人类智慧积累的基础上。

这样本书的因果理论不但本身自成体系，也为因果关系找到了历史依据，把因果关系扎根在人类历史的长河之中。

四、亚里士多德"四因"新说

1.经验来源

认识人的经验来源，就要先认识人获得经验的渠道。

我们把人的感觉初步分为六种感觉，过去佛教的术语有"六识"之说，我们这里虽然与佛教六识不同，但也把感觉分为六类。

内触觉：舒适如愉快、安宁，难受如难过、眩晕、呕心。

外触觉：冷、热、痛、痒、光滑、粗糙。

视觉：颜色、亮、暗。

听觉：高音、低音、声响程度。

味觉：酸、甜、苦、辣、咸。

嗅觉：香、臭、刺鼻程度。

我们发现，视觉、听觉、味觉、嗅觉、外触觉都是特殊的感知神经细胞，它能够更集中、细微地感知外界事物相对我们的运动，例如我们眼部的神经就是视觉神经集中在眼部的体现，它能够集中感知光这种运动对人的各种刺激。皮肤晒太阳也可以感知光线对人的刺激，但眼部神经的感知更加敏锐与细致，所以说视觉只是对光这种运动形式的集中、细微的感知。同样，听觉是对声音波动程度的感知，味觉是对口腔内物质运动刺激的感知，嗅觉是对鼻腔内物质运动刺激的感知，外触觉是皮肤对外物运动刺激的感知。

2.精神感知的统一

这些外界运动刺激给人的感觉最终统一为内触觉的舒适与难受，对于人的精神来说就是对生命有益或有害，所有的刺激只要仔细反思都会让人有舒适与难受的感觉，这就是人们会感觉到美或者丑的原因，例如我们看到一幅美丽的画，是我们感觉到一系列的光运动对我们刺激，这些刺激在我们脑中形成概念，这个概念会与过去概念比较，我们脑中神经可能会提示画中的事物对我们生命有益，这时我们的内触觉会感到舒适与美。

对于个人来说，听觉、味觉都只是辅助，而只有触觉可以让我们统一个人的经验，例如我们看到镜子里的人、听到电视里人的声音都不能代表一个人在我们面前，而只有触觉感知到各个细节的一致，才能肯定眼前的是一个真正的人。这就是精神感知统一的理由。

3. 自然与文化认识的基础

每个人的舒适和难受的审美感觉不同，但是我们可以通过六识判断外界事物是否有相对我们的运动，因此自然界对我们来说只有动与静两种形式。

美与丑，动与静，对我们来说都是相对的，但是巴门尼德教会我们如何认识相对静止、永恒的概念，因此我们有了共同交流的可用概念，相对的动对我们来说就是有，相对的静对我们来说就是无，例如我们面前有一张桌子，从科学的角度来说，它不可能是放在那里一动不动的，它一定有各方向的相对晃动，其实我们感知到的桌子，就是这个动态振动边界给我们的感知。我们通过这个动态的振动边界，获得一个静态的桌子的概念。

美与丑，动与静，有与无，这就是哲学最基本的概念，这种概念的对立性是保卫生命的本能要求赋予我们的。

4."四因"新说

我们知道亚里士多德提出四因说，对原因问题概括了四种解释模式，即质料因、形式因、动力因、目的因，这四种原因需要用不同的方法进行解释，例如科学的问题不能用伦理的认识理论进行解决，现代的人文达尔文主义想用动物界的弱肉强食来解决人类社会的伦理问题，注定要失败。

质料因是对立问题的解释，是贵族哲学的领域。

形式因是概念问题的解释，是文化哲学的领域。

动力因是运动问题的解释，是经验哲学的领域。

目的因是精神问题的解释，是精神哲学的领域。

以分类的思想解决原因问题，并非笔者独创，亚里士多德早就在这方面做了有益的尝试。只是后世的哲学家大部分是从自己的职业角度来分析原因问题，他们无法从社会均衡的角度，综合地运用四种原因，并找出其最深层次的联系。

五、物理学的守恒定律如何成为可能

1.问题

我们从小就学了一些物理公式如动量守恒、能量守恒，难道这是先天形成的概念吗？现在我们就来探究其是如何成为可能的。

2.历史

要想理解这些守恒定律就必须从巴门尼德的哲学说起。巴门尼德把抽象的认识看成永恒的，不可毁灭的"一"。举个例子说明其理论应用：身前的一张桌子上的一个水分子，只能用显微镜看到，它正在离开这张桌子蒸发掉。从经验上判断，你说这个水分子属于这张桌子还是不属于这张桌子？提示一下，从原子的角度看，一个桌子的平面是凹凸不平的。你怎样判断这个桌子的微观边界？当我们要运用桌子这个概念的时候，要不要考虑这个水分子？事实上，如果我们利用巴门尼德存在即"一"的观念，那么就把这个水分子的问题在很多时候忽略掉了，或者说我们在运用物理学计算一张桌子的重量的时候，自然而然地会忽略这个水分子的重量，这就是因为我们利用了巴门尼德的思想。

3.质量守恒定律如何成为可能

我们既然要研究质量守恒定律，那么我们就和巴门尼德一样抽象与忽略了使物质质量消失的因素，例如在现实中物质都会辐射，其实这就是物质的损失，但是我们如果忽略掉了一切可能给其带来损失的因素，那么物质从一个地方运动到另外一个地方，当然是质量守恒的。如果仍然不守恒，一定是我们实践中还没有找到使物质损失的因素，我们继续做试验，找到并排除使物质损失的因素，之后我们的实验结果就是质量守恒了。

事实上，现代物理实验所用的基本原料如钢铁，其主要元素铁的来源只是地球无数种矿石中的一种铁矿石，因为这种提炼物可以符合我们的对材料的坚韧与稳定要求，因此不论在实验中还是在实际运用中，它都是我们能够精确计算物理性能的理想材料。这才是质量守恒成为可能的真正原因。顺便说一下，铁这种元素只是我们基于其他更基础概念的一种认识，不论其存在与不存在，它都只是我们抽象的一种认识假设。

4.能量守恒定律如何成为可能

以机械能守恒定律为例，我们在初中都学过在只有重力或弹力做功的物体系统内或者不受其他外力的作用下物体系统的动能和势能，包括重力势能和弹性势能发生相互转化，但机械能的总能量保持不变，这个规律叫作机械能守恒定律。

分析：我们不只把物体看成一种实体，而且我们可以把运动物看成一种实体，这些都只是我们的抽象。我们既然把一切抽象为一，那么它就没有消失的理由。如果它消失了，一定有什么因素导致它消失，因此只要排除导致它消失的因素，那么它一定是守恒的。这就像一个人进了一间屋子，如果不从门口走出来，也一定是从其他出口走出来了，否则他不会从屋子里消失。

我们的机械能守恒定律就是只给动能一个势能的转换出口，而把其他能量消失出口都堵上，这时守恒就可以实现了。

当然，这种实现有一个前提，就是动能与势能的认识形式是合乎我们对能量的基本认识的。这种认识结合框架选取理论应该由个人提出，而且在实践中有效，并能通过社会文化人士的认可。如果动能只是一种想象或精神而无经验支持的概念，那么它无法成为一个公认的物理概念。

5.应用

既然物理学中的许多概念如质量、能量可以抽象为"一"，那我们就可以以某种物理量为标准单位，用数学的方法计算现实物理量的大小，加上我们拥有了许多守恒定律，我们就可以把数学的等价公式使用在物理学的定律上，这样我们可以通过已知的几个参数得到未知的物理量的大小。这样，严谨、精确的物理学就成为可能。不过这一切都要在我们抽象的物理概念所具有的性质不流失的情况下才能实现。如果在现代物理接近光速的情况下，事物在我们原先的实验条件下消失了，即我们静态抽象为"一"的条件消失了，这时我们的原有物理体系就会崩溃，而需要我们用一种新的方式来抽象出不会改变的物理学基本概念。

6.展望

再回想一下过去我们用来做物理实验的都是钢球、铁球这些可以把质量抽象为不变事物作为概念的基础，而不会用泥巴球来做物理实验，同样我们现代物理学需要观察、抽象出一些不变的概念作为现代物理学的基础。从自然世界的角度来说，真理不需要是永恒不变的概念，但一定要是可以抽象为可用的不变的概念。

六、物理实验的真相是我们在为公式寻找载体

1.问题

对于多数人来说，伟大的物理学家的工作大多是天降灵感，从而发现一些惊人的物理学定律，例如牛顿发现万有引力，爱因斯坦发现质能方程等，但那只是我们普通人的观点，并非物理学研究的全部内容，普遍较为认可物理学的研究方法为提出命题—理论解释—理论预言—实验验证—修改理论。

现在的问题是物理学的这种研究方法如何成为可能？

2.解释

我们可以从框架选取理论找到物理学的研究思路，这个思路与个人认识世界方式虽然不一致，但是可以用框架选取理论进行清晰的解释。

（1）提出命题。

这是指自然世界给个人的精神世界以触动，经过思维，提出一种理论观点。这是自然世界对人的自然刺激效果，例如爱因斯坦通过分析自己头脑中的知识，认为物质与能量可以相互转换，于是提出质能转化的命题。我们所说的灵感只是个人精神世界

的一部分知识的奇妙组合，并发现这种组合可以让自己更好地认识自然世界。

（2）理论解释。

这是指精神世界中提出的理论要符合文化世界原有的定义，或者说取用文化世界中的理论要形成逻辑链条，例如爱因斯坦解释物质与能量可以相互转换，只能用现有文化世界中的能量与质量概念，而不能再用自创概念来表达自己的质能方程。因为只有现有文化世界中的概念才是可以最大程度上为人们所理解与通用的。这一点对中国学者来说特别重要，中国很多学者有兴趣提出一些新的规则定义或公式，但是用来定义的词语的用法又与公认的用法不同。

（3）理论预言。

当个人觉得自己的理论解释在自然世界实施有效之后，就在文化世界发表自己的观点。这对爱因斯坦来说就是发表科学论文，提出有物理现象符合其理论。

很多人从自己的精神世界提出对自然世界的认识预言，那些最后被文化世界认可的人最后成了科学家。

（4）实验验证。

这是找出物理现象与自己公式或理论相符的证据，从另一个角度来说这就是为自己的理论找到载体。由于文化世界要求个人精神世界提出的知识是需要符合逻辑的，实验必须排除公式认识形式之外的各种影响公式的形式，使公式可以在理想的条件下获得现实证明。这一步是获得公众认可的关键。因为这意味着爱因斯坦的公式或理论有了用武之地，或者说在单纯的实验条件下，个人精神世界提出的公式或理论所需要认识形式具有实用性。这是文化世界要进行的验证工作，这样才能使个人实验经验变成公众的实践经验。有些物理学的实验甚至需要难以在地球上找到的实验材料，例如1919年几个英国物理学家为检验广义相对论理论所做的光线引力偏折实验。

（5）修改理论。

既然公式可以找到现象与之符合，那么一些不能与公式符合的现象就要找出其不成立的理由，这样就如一顶帽子做好了戴在人的头上，就要确定所有者不让它戴在大小不合适的人的头上。

自然是固定的，而我们设想出的公式就是可以变动的帽子，就如计算机程序是为了处理输入的信息。

3.意义与真相

世界上有很多烂泥巴、碎石子，都是生活中最常见的材料，但是在物理中从来不利用这些材料做实验，就是因为这些材料没有我们所需要的性质，没有这些性质就无法满足物理公式的计算需要，尽管其中可能蕴含着现在还无法知道的巨大能量，但是以现在的科学水平来看，我们率先要使用的一定是可以轻易满足公式设想中的那种材质，正如康德所说我们认识的物理现象如体积、重量本身就是从我们戴着的有色眼镜出发的，因此本身就含有心灵给予的联系，我们的物理学只是把这种内在联系展示出来。

再看看前面提到的阿那克萨戈拉在他的心灵或努斯概念中所提出的就是这样一个理性的原则，他认为存在着某个有知识有力量的存在者把物质世界组织成这个样子，这与康德所说的是一个道理。这也与我前面所说数学的命题定义与规则定义是一致的，只要我们在前面做了简单的定义，在后面就可以无限地代表与认识事物，这也等同于计算机以0与1来认识问题，只要我们的定义来自一个理性出发点，那么我们总可以找到各种认识形式的规律，这就是物理定律存在的基础。

我们的规则定义与命题定义可以形成一个巨大的认识网络，将这个认识网络套用在自然世界之中，被知识世界证实有效的部分，就会形成一个自然科学体系。

形而上学就是知识形成网络的方法，各学科的知识就如同鱼网，各门科学就是能捞到不同类的鱼的特别渔网的特殊做法，只有能够切实地在自然这个水池里捞到鱼的渔网才是好渔网。

物理学的规律早已深藏在我们原初的规则定义与命题定义之中，也可以说深藏在文化世界对自然的初始定义之中，或者说物理学的定律早就深藏在形而上学的初始定义之中。

如果没有创造好的实验条件，没有在自然界中提取出钢铁、青铜或类似材料作为载体，我们永远不可能得到动量或能量守恒定律的证实，所以说物理实验的真相是我们在为个人精神世界提出的公式寻找载体，特别是一种新实验现象就是我们新理论的优良载体，我们总是通过各种对经验的新设想来归纳、推演出重大物理规律，而不是在万物本身中抽象出物理定律。

4.推广与展望

通过上面物理学实验真相的论述，我们可以知道所有的知识不过是精神思考的结果，甚至可以说是一种假设。

人的本质是一种思维体。

我们之所以采用一种认识方式而不采取另一种，只是因为这种认识方式与我们的一贯认识方式符合，而我们一贯的认识方式让我们从小安全地生活到大，从而证明是对我们有效的认识方式。

因此笔者要说，大胆把现有物理学概念进行演绎，一定可以得到许多符合逻辑的公式，而如果为这些公式找到可以排除其他因素的载体，就可以使这些公式成为文化世界能认可的公式。

如果这样做，可以比肩爱因斯坦的伟大物理学家将会源源不断地产生。

七、时间与空间

1.背景

为什么我们会有时间与空间的概念，这可能是人类最基本的认识问题，几乎所有最伟大的哲学家都会对此进行探讨。我这里并不是否定时间与空间的真实性，而是说我们是如何建立这种观念来认识时空的。

我们先说时间。柏拉图在《蒂迈欧篇》中借蒂迈欧的口说时间是运动着的永恒的影像。最有说服力的时间观来自亚里士多德，亚里士多德说时间是可以计数的运动。至于康德说时间是先天观念，等于没有说。

2.计算机模拟理论

（1）我们想要理解人的时间观，不如先从我们可以理解的计算机的计时原理，来对比认识人的时间观。我们知道计算机世界最基本的元素就是逻辑门，包括与门、或门、非门等。其中的与门，笔者写成"and"，接通记成1，否则0，那就是1 and 1结果就是1，或者写成and（1,1）=1。显然and（1,0）=0。这相当于我们用"有"与"无"的文化观念去认识世界。

（2）但光靠逻辑门是无法完成计算机对指令的有序运算的，于是计算机有脉冲计数器。通过脉冲计数器，我们可以有条不紊地完成：

①取指令。

②指令译码（解码）。

③执行指令（写回）。

④修改指令计数器，决定下一条指令的地址。

脉冲计算器的功能就相当于我们的时间观念，这是通过人的每个细胞补充能量，放出能量实现的。

（3）计算机的输入和输出，就相当于我们接受外部环境的自然运动对我们的刺激，以及我们对外部世界刺激的反应。

3.时空观念的形成

理解了计算机时间观念，我们就可以大胆地设想时间观念的形成了。笔者的理论来源基本上是综合柏拉图与亚里士多德的理论。

首先，笔者前面讲过自然世界是由各种运动微粒组成的。从这一点上来说，没有绝对的时间，但是人类可以利用自己的生物钟或者说能量的补充周期来认识时间，这都是运动比，表面上看，是无法产生时间观念的，但人类可以用看似基本永恒不变的共有运动之物为基础，这个不变的共有运动之物就是日月的运动，以日月的运动为参照，对比自身能量的流失，我们就有了时间的观念。从这点上来说，与亚里士多德的理论是类似的。

笔者的这种假设时间认识的起源并非没有根据。笔者在高中上英语课时就学到印第安人把一座山叫作五眠山，是说此山离印第安人的居住地需要睡眠五次才能走到，这就是以我们自身的能量补充作为标准衡量时间的明证。有人说这明明是衡量距离呀，为什么变成了衡量时间呢？五眠山就是五次睡眠，这就是以自身能量变化衡量时间，这就是我们的时间观念的来源。时间乘以运动就是距离，这就是空间观形成的原因。我们因为以自身的生命为标准，乘以各种物体的运动，就有了位置、距离的认识，我们就有了空间观。

4.解释

看了时空观的解释,进一步确认了三个世界的分类,即精神世界、文化世界与自然世界。

精神派的哲学家,有很多伟大的数学家,因为数学家们计数的原则与人的精神世界的运行规则类似。

文化派的哲学家,往往对社会概念的确定性最在意,因为他们要确定的是文化概念的关系。

经验派的哲学家,早期大多是物理学家,他们对物理世界的运动规则是最在意的。而我们现有的认识往往是由个人精神世界通过自然世界的经验证实后提出,然后由文化世界认可的。举例来说,我们认识一条线,一般来说,我们认为是自己同时看到整条线的,现有文化世界也是这样教育我们的。其实从个人的角度来说,是目光从线的一头到另一头,个人目光的运动加上我们自身的计时,才让我们有了整条线的空间概念。文化世界给了我们一个简化版的认识空间方法,遮蔽了空间定义的真相。如果再不理解,我们可以用一条很长的山脉的认识来代替一条线,我们在飞机上,向下俯视一条很长的山脉,我们就可以清晰地感觉到看完山脉所用的时间,并承认我们这条长线的观念形成是依靠计时加目光的高速移动形成的。

5.总结

新的时空观与书中的哲学观是完全契合的,这在其他哲学家那里是很难想象的。把生命的计数本质与自然的运动本质联系到一起,就可以为物理学中精确的计算时空打下坚实的哲学基础。

结束语：东西方哲学的融合

1.背景

回顾历史，我们知道西方古代的思想根基在希腊的城邦制，而城邦之内公民之间的平等关系是他们可以各抒己见地参与讨论，从而产生哲学的直接原因。

古代西方的主要哲学流派，都把希腊的平等传统看成哲学讨论的根基，一旦脱离了平等交流，一定会有并非来自经验并且可重复认知的概念进入认识系统之中，这就会脱离泰勒斯首倡的以共同经验抽象认识一切的学说，即哲学的范畴。

于是后来的主流哲学理论都坚持平等的认知原则。

亚里士多德的批判观念，指明尊重法律下的人人平等，或者说人们违反法律的惩罚是相同的；斯多葛学派认为人的心灵中存在着神圣的"火"的观念，这是一种自然力量权利的平等；基督教认为所有人都是上帝的子民，这是一种心灵上的平等。

只有在上述三类平等权利都获得的社会里，我们才能建立一个自由与正义的社会，我们才可以实现人们的财富按效率分配，这时，我们在财富的获得上才是允许不平等的，这实际上是实现了经济效率上的平等。

2.东西方哲学平等融合的现实与展望

西方哲学在过去一直引领着世界哲学的主要潮流。巴门尼德把一切抽象成"一",可以看成形而上学对知识点的认识。亚里士多德提出逻辑的概念,可以看成形而上学对由点构成的知识链的认识。康德提出用"有色眼镜"即先天的理性去看待经验世界,可以看成形而上学对知识面的认识。

形而上学能不能再进一步,对经验世界形成立体的认识?笔者的形而上学之框架选区理论就是一种姑妄言之的尝试。

西方哲学在各门社会科学、自然科学大幅进步的时代似乎放慢了它的脚步。现在西方哲学也应该可以平等地吸收东方人的智慧,为哲学和形而上学过去的成就画上一个句号。

哪一天这种努力获得了成功,也只是一个新时代的开始,而不会是哲学和形而上学的终结。

参 考 文 献

[1] ［德］卡尔·马克思、［德］弗里德里希·恩格斯著：《马克思恩格斯选集（第四卷）》，中共中央马克思恩格斯列宁斯大林著作编译局编译，人民出版社，2012 年。

[2] ［古希腊］柏拉图著：《理想国》，郭斌和、张竹明译，商务印书馆，1986 年。

[3] ［德］黑格尔著：《黑格尔通信百封》，苗力田译编，上海人民出版社，1981 年。

[4] ［英］罗素著：《西方哲学史（上卷）》，何兆武、李约瑟译，商务印书馆，1963 年。

[5] ［英］罗素著：《西方哲学史（下卷）》，马元德译，商务印书馆，1976 年。

[6] ［美］撒穆尔·伊诺克·斯通普夫、［美］詹姆斯·菲泽著：《西方哲学史》，邓晓芒、匡宏等译，北京联出版公司，2019 年。

[7] ［美］斯塔夫里阿诺斯著：《全球通史：从史前史到 21 世纪（上册）》，吴象婴等译，北京大学出版社，2006 年。

[8] ［古希腊］亚里士多德著：《形而上学》，吴寿彭译，商务印书馆，1959 年。